# Incessant
# Beauty

# Incessant Beauty

## A Bilingual Anthology

Poetry by
### Ana Rossetti

Edited and Translated by Carmela Ferradáns

2LP TRANSLATIONS

NEW YORK

www.2leafpress.org

P.O. Box 4378
Grand Central Station
New York, New York 10163-4378
editor@2leafpress.org
www.2leafpress.org

2LEAF PRESS
is an imprint of the
Intercultural Alliance of Artists & Scholars, Inc. (IAAS),
a NY-based nonprofit 501(c)(3) organization that promotes
multicultural literature and literacy.
www.theiaas.org

*Cover design:* Spencer Sauter, www.spenmedia.com
*Book design and layout:* Gabrielle David

Library of Congress Control Number: 2013954042

ISBN-13: 978-1-940939-21-6 (Paperback)
ISBN-13: 978-1-940939-22-3 (eBook)

10  9  8  7  6  5  4  3  2  1

Published in the United States of America

First Edition | First Printing

The Publisher wishes to give special thanks to Carolina Fung Feng, translator and copy editor extraordinaire for reviewing the final galleys on this project; and Spencer Sauter for a fantastic book cover. Kudos to Carmela Ferradáns for a terrific job editing and translating this important body of work, and especially to Ana Rossetti for giving 2Leaf Press the opportunity to publish and present her body of work to the English-speaking public.

2LEAF PRESS trade distribution is handled by University of Chicago Press / Chicago Distribution Center (www.press.uchicago.edu) 773.702.7010. Titles are also available for corporate, premium, and special sales. Please direct inquiries to the UCP Sales Department, 773.702.7248.

To Alejo and Emma. Always.
—C.F.

# Contents

❧❧❧

## Los Devaneos de Erato /Erato's Pursuits (1980)

## Dióscuros / The Dioscuri (1982)

## Indicios vehementes / Vehement Signs (1985)

## Aquellos duros antiguos / Those Old Coins (1988)

## Apuntes de ciudades / City Notes (1990)

## Yesterday / Yesterday (1998)

## Punto umbrío / Shadow Place (1995)

## Llenar tu nombre / Filling Your Name (2008)

## El mapa de la espera / The Map of Waiting (2008, 2010)

# Acknowledgements

❧❧❧

THIS BILINGUAL EDITION is the product of many years of joyful reading and analyzing Ana Rossetti's poetry. I would like to express my deepest appreciation to the poet herself who has graciously agreed to this English translation of her work.

To my friend and colleague Carolyn A. Nadeau for her encouragement with this project from the very beginning, her critical readings of my English translations, and her contagious enthusiasm for life. Carolyn and her family have been feeding my body and soul with the most delicious food for almost twenty years now. For all this, and much more, I am forever in her debt.

I would like to especially thank my friend Robert Bray without whom this book could not have existed in its current format. He masterfully translated Rossetti's *Poética* into English and has given me beautiful English words where my own didn't fully capture Rossetti's perfectly crafted imagery. Bob's intellectual generosity and passion for languages has made this bilingual poetry collection possible.

To Gabrielle David, 2Leaf Press Editor, for believing in this project from day one and for allowing me to play at my own leisure.

Also, an immense gratitude to Spencer Sauter whose *beaded landscape* is on the cover of this book. To my old friend Alejandro Yarza who surfaces from time to time in my life reminding me of the elegance of a well-constructed Spanish *rubber* sentence. To Alison Sainsbury for being a beautiful and strong earthy mermaid.

To Illinois Wesleyan University for granting me an Artistic/Scholarly Development Grant and a Sabbatical Leave that allowed me the needed research time to compile this bilingual anthology.

And last, but not least, to my children because they keep me whole and real. ☙

—Carmela Ferradáns

# Introducción: El cabo de la magia

❦❦❦

*Horas y horas ensayando versos,*
*recitándotelos*
*tatando de encontrar el cabo de la magia.*

—Ana Rossetti "Inspiración"

DESCUBRÍ EL IMAGINARIO POÉTICO DE ANA ROSSETTI a finales de los años ochenta, oculto entre los versos de "Calvin Klein, Underdrawers" el poema número 21 de esta antología. Este poema fue la semilla de mi tesis doctoral y sin duda ha marcado mi trayectoria profesional en la academia. De hecho, una estimada colega me presentó a sus alumnos graduados de esta manera: "La profesora Ferradáns es conocida en la profesión como una experta en ropa interior masculina". Pues, así es. En muchas ocasiones desde entonces he tenido la oportunidad de diseccionar estos versos con mis alumnos de Illinois Wesleyan, y de teorizar sobre el lenguaje del deseo y la subjetividad ambigua con la que este poema tienta y provoca al lector ocasional. He analizado la relación entre formas de arte culto y popular escondidas en este collage moderno hecho con partes corporales arquitectónicas. Me he preguntado muchas veces sobre la famosa fotografía de Bruce Webber que muestra al campeón olímpico Tom Hintinaus llevando un blanco y nítido calzoncillo Calvin Klein, la imagen que provoca este poema. ¿Cuál habrá sido la reacción del público en Times Square cuando miraban el gigantesco anuncio de Calvin Klein en 1983? Quizás algo similar a lo que sintió Ana Rossetti cuando vio la misma fotografía en las páginas del *Interview* de Andy Warhol unos años después. En su *Poética* Rossetti explica la génesis del poema: El Círculo de Bellas Artes le había pedido un poema para una exposición; encontró el anuncio de Calvin Klein en la revista *Interview* y el poema se convirtió en graffitti sobre la imagen publicitaria. El poema original escrito apareció primero en la antología *Las diosas blancas*

(1985) y luego la poeta misma lo seleccionó para la colección titulada *Yesterday* (1991). El poema original escrito sobre el anuncio de Calvin Klein aparece en la colección *Poemas autógrafos* publicado por el Círculo de Bellas Artes en 1987.

Leer "Calvin Klein, Underdrawers" hoy, después de más de 20 años jugando con lo que estas imágenes pudieran evocar en la mente y los dedos de los lectores, todavía lo considero como un viaje maravilloso hacia el deseo metafórico de convertirse en los calzoncillos abultados para (en)cubrir, (re)cobrar, (des)cubrir esta escondida parte del cuerpo tan adorada. El poema confeccionado cuidadosamente, defiende su propio argumento yuxtaponiendo elementos blancos duros y blandos tomados de la arquitectura y de la naturaleza respectivamente: nevada arena, lirios y la flor del algodonero se combinan con hojas de acanto, mármol Travertino y capiteles en un paisaje formado por partes del cuerpo humano. Al mismo tiempo, la dicotomía blando/duro recuerda las convencionales formas femeninas (redondas, suaves) y masculinas (erectas, duras) pero el hablante asexuado no puede decidirse por la parte más deseable en esta dicotomía. Los versos 7 y 8 sugieren una penetración violenta, "...y en tu joven turgencia/me tensara" pero el texto inmediatamente vuelve su atención a la ternura que sugiere la cintura y las nalgas de una mujer "redondos capiteles para tus muslos fuera." Esta oscilación entre lo masculino y lo femenino, típica de la poesía temprana de Rossetti, hace que sea imposible una lectura unívoca colocando el texto en la indeterminación característica del posmodernismo. Junto al yo poético, el lector del poema se queda preguntándose cómo se sentiría si fuera un calzoncillo Calvin Klein. Merodeando alrededor de la imagen, los ojos fijos en los calzoncillos abultados. *Fuera yo Calvin Klein.*

Con Calvin Klein también estaba "Chico Wrangler", un poema corto publicado en 1985 en la colección *Indicios vehementes,* el número 14 en esta antología. Este poema abre la sección titulada *Sturm und Drang,* en español "tormenta e ímpetu", que se refiere al movimiento literario alemán surgido a finales del siglo XVIII como una reacción al racionalismo impuesto por la Ilustración. Los cinco poemas incluidos en esta sección son claramente una explosión de los sentidos. Pura emoción apoderándose de la razón. Los objetos completamente rendidos a la mirada del sujeto. Claro que "Chico Wrangler" se refiere al joven completo que está dentro de los pantalones ajustados y no solamente a la parte del cuerpo que cubre la ropa, como en "Calvin Klein, Underdrawers". Un pecho poderoso, unos brazos vigorosos y unas perfectas piernas aparecen de repente ante el yo poético que se siente asaltado y completamente abrumado por la tentadora imagen. En vez de embarcarse en un viaje hacia el deseo, éste es un sujeto poético curioso que no se engancha directamente con el objeto, la imagen, sino que permanece a distancia, disfrutando del puro placer de la contemplación de su mirada. Como el voyeur que observa una imagen desde un punto de vista oculto.

Esta relación *voyeurística* entre el sujeto y el objeto es típica de la poesía temprana de Ana Rossetti. Los dos poemas que abren esta antología "El jardín de tus delicias" y "A la puerta del cabaret" muestran ese preciso momento en el que un sujeto ocasional enfoca su mirada en un objeto inadvertido. Lo que pasa después es pura belleza vista a través de los ojos del observador. Pura belleza articulada con destreza maestra en un texto poético que juega en los confines de la gramática haciendo que el barroco y la vanguardia coexistan en imágenes surreales que a veces recuerdan a Rafael Alberti y a García Lorca, dos de los grandes poetas vanguardistas españoles de los veinte y treinta. De manera similar, otros poemas de Rossetti de los años ochenta se atreven a explorar la escena de un encuentro ficcional entre el sujeto y el objeto. En "A un traje de pana verde que por ahí anda pertubando a los muchachos", número 5 en esta antología, el yo poético, como en "Chico Wrangler", es asaltado, deslumbrado y despertado por una imagen concreta. En este caso el yo se siente invitado al inesperado banquete que se desarrolla frente a sus ojos donde la ropa es un elemento clave en este particular viaje hacia el deseo. El propósito principal de la ropa no es cubrir, si no más bien (des)cubrir el cuerpo. La ropa evoca y articula el cuerpo masculino que esconde y, al hacer esto, es un refugio para la persona que la lleva a la vez que una invitación para la persona que está mirando. Vestir y (des)vestir se convierte en un lugar para negociar el deseo y los roles de género. El traje de pana verde en este poema, como el calzoncillo Calvin Klein y los vaqueros Wrangler, tienta al sujeto que está mirando quien puede adivinar y realmente sentir, el cuerpo (des)cubierto por la ropa: "Más la tela, al cubrirte, es igual a la cáscara/ del fruto que no debo probar." La ropa se convierte, entonces, en el telar del deseo evocando la naturaleza táctil del lenguaje tan característica de la poesía de Ana Rossetti.

## EL CAUCE Y EL CAUDAL
la escritura de entonces se hizo cauce y caudal "Correspondencias" [37]

La colección *Punto umbrío* publicada por Hiperión en 1995 marca una diferencia en el tono poético de Rossetti. Estos 29 poemas varían en ritmo y longitud, alternando la prosa y el verso pero siempre manteniendo un tono pensativo y a veces taciturno. Todos estos poemas sin título forman una conciencia fragmentada con un ligero toque de nostalgia. La mirada y la atención del sujeto se vuelven hacia adentro para meditar sobre aquellas cualidades trascendentales que nos humanizan —el tiempo, el amor, la soledad—y hacia fuera, al acto de escribir mismo. El poema que abre la colección, número 24 en esta antología, nos lleva hacia un tiempo de *invención y torpeza;* aquellos momentos tempranos en la vida cuando el amor era un *intruso temido y anhelado* y el tiempo un presente continuo cuyo fluir sentíamos como una *trenza de arena.* El amor es a veces pérdida y soledad, y otras veces una atracción poderosa que nos fuerza a mirarnos a través de los ojos del amante. De ahí el enigma articulado en el poema 25: *qué será ser tú y siendo tú saber, sentir, que yo te amo.* Este tú se define como una perplejidad, un misterio, una dolencia, y desde esta perspectiva el yo se define a sí mismo. El poema acaba en la incertidumbre característica de Rossetti: "Qué, entonces, sentir lo que sentirías tú." La voz poética de *Punto umbrío* es muy consciente de los límites del lenguaje para expresar la totalidad de la experiencia humana que incluye aquellos momentos sombríos en los que la duda, la auto duda, es la única brújula posible para nuestro comportamiento. La pregunta que plantea el primer verso del poema 29 "Pero qué debo hacer" nos ofrece un vistazo a la preocupación de este hablante atrapado entre *las sensaciones inquietantes del mundo* y la reconstrucción de su yo fragmentado. La respuesta es silencio y vacío en este poema, pero la pregunta original permanece sin contestar. El último poema del libro, número 28 en esta antología, repite los temas principales expuestos en la colección. El sujeto aquí parece estar listo a seguir adelante y resignado de alguna manera a su propia suerte: "Hágase en mí lo que tu dardo indica".

No es hasta *Llenar tu nombre,* 2008, que Rossetti se enfrenta directamente a la poética. Estos 42 poemas pueden leerse como un largo *arte poética;* un manifiesto de la escritora sobre la importancia de la técnica, una digresión sobre la materia poética misma. Cada uno de estos poemas *llena* una pieza del puzle poético, es un intento de contestar muchas de las preguntas fundamentales con las que un artista se enfrenta constantemente: de dónde viene la inspiración, qué es la belleza, cuál es el balance entre arte y artificio, entre forma y contenido, básicamente cuál es el lugar de la poesía en nuestras vidas. Interpreto *Llenar tu nombre* como una respuesta plausible a muchas de las preguntas que plantea el discurso poético de Ana Rossetti, especialmente aquellos poemas de *Punto umbrío* mencionados anteriormente. Leer *Llenar tu nombre* junto a la *Poética* de Rossetti que abre esta antología, aclara lo que es el acto de crear un poema. Empecemos con la percepción del mundo que nos rodea. Al preguntar quién percibe el mundo el ojo o la mente en el poema número 30, Rossetti parece reconciliar la famosa cita de Picasso "pinto los objetos como los pienso, no como los veo". El lenguaje es orgánico; las palabras son seres y a través de ellas somos capaces de concebir y crear el mundo en un poema. Pero la poesía también tiene mucho que ver con la forma y el formato, el ritmo y el sonido. Sin esta conexión estrecha entre forma y contenido, el poema queda vacío. Rossetti también está muy consciente de lo que se deja fuera de un poema, los silencios, lo ausente que forma una parte integral de lo que está escrito en la página. ¿La inspiración? Tiene que ver con intentar, repetir una y otra vez, hora tras hora, buscar ese evasivo *cabo de la magia* que nos proporcionará un poema perfectamente estructurado. La escritura es una *resurrección de lo ausente* de la misma manera que una fotografía hace permanente aquel momento fugaz que ya no está presente. En este sentido, la escritura se convierte en *el canal y el caudal* mismo en donde el pasado y el presente, la memoria y la conciencia, la percepción y el pensamiento se encuentran en la página en blanco. La poesía es la reina; es nuestra Señora y nuestra salvadora. La poesía reside con nosotros; está en cada uno de nosotros, explicando nuestras almas turbulentas.

El poder curativo de la poesía adquiere conciencia social con la publicación de *El mapa de la espera* en 2008, texto que cierra la selección poética de esta antología. En este poderoso y bello poema en prosa, Rossetti planea la dislocación y el exilio en los contornos del corazón poniendo la solidaridad en el centro de nuestra humanidad compartida. Desde el epígrafe, Alfred Korzybski nos advierte que "el mapa no es el territorio" y nos da una herramienta interpretativa para descifrar el texto: la diferencia entre *mapa y territorio*. El lector entra directamente en este vasto mapa imaginario que contiene mares, desiertos, firmamentos, ciudades enteras con edificios altos, y casas individuales donde la gente juega y sueña. La geografía es diversa. Solamente podemos ver lo que está dibujado en la superficie del mapa. El resto tenemos que imaginarlo: los peces en el océano, el misterio del desierto, las caravanas de dromedarios, el ocasional espejismo falso, los depósitos minerales bajo la tierra, la noche. La edición de *El mapa de la espera* que publicó Polibea en 2010 proporciona una pista visual para interpretar este poema a través de las ilustraciones en blanco y negro de la artista española Elena González. Los dibujos que ilustran los poemas a veces explican pero la mayoría de las veces sólo merodean, contorneando el corazón de la voz poética. El dibujo de la portada muestra un grupo pequeño de *jaimas*, las tiendas tradicionales de los pueblos nómadas del desierto. Una pista interpretativa directa para el lector.

# FIELMENTE Y CON AMOROSO RIGOR
*Fielmente y con amoroso rigor* "Emily Dickinson" [37]

   Los primeros dos versos del poema 41 dan el título a esta antología y resumen lo que yo creo que es la experiencia poética: "Porque desbrozas tu belleza incesante / y la pones al alcance de los labios." La poesía trata sobre la belleza, el ritmo y los sentidos. Más aun en el caso de Ana Rossetti. El propósito fundamental de esta antología es introducir el universo simbólico de Ana Rossetti a los lectores angloparlantes de los Estados Unidos. Seleccionar poemas para una antología es al mismo tiempo emocionante y abrumador: habría que ofrecer una amplia selección de poemas representativos de la autora, pero esta tarea es, en sí misma imposible, ya que lo que yo considero representativo no lo sería para otros lectores. Además está la cuestión de cómo organizar la selección. ¿Debe seguir un orden cronológico o temático? Como en la mayoría de las antologías de poesía, *Incessant Beauty* es una mezcla de todo lo anterior guiada por mi propio gusto poético. La selección está organizada cronológicamente por fecha de publicación, con la excepción de la Poética de Rossetti traducida por Robert Bray que abre y enmarca conceptualmente esta antología. Cada poema está numerado del 1 al 42. La selección de poemas es más amplia en las primeras colecciones, especialmente *Los devaneos de Erato* (1980) con el que Rossetti consiguió el premio Gules de poesía y que le dio prominencia entre las escritoras españolas contemporáneas. He omitido por completo la colección *Devocionario* (1986), porque ha sido ampliamente distribuida y estudiada en las universidades de los Estados Unidos, y porque, francamente, se ha convertido en el estereotipo de la poesía temprana de Rossetti. He incluido textos que nunca se han publicado en inglés como los poemas en prosa "Tres pesetas" (número 16); "Ciudad conquistada" y "Ciudad transferida" de *Apuntes de ciudades* (poemas 17 y 18); diez poemas de la colección *Llenar tu nombre* (2008) y el poema en prosa *El mapa de la espera* (2008, 2010) que cierra la antología.

   Traducir al inglés las imágenes vibrantes y juguetonas de Rossetti ha sido una aventura placentera para mí. El traductor de poesía tiene que poseer una sensibilidad especial hacia el lenguaje poético ya que, traducir es de hecho escribir un nuevo poema. En el mejor de los casos, una traducción enriquece el texto original proponiendo significados reveladores del mundo poético del autor, como alguien dijo una vez. Pienso en las bellas traducciones al español que hizo Julio Cortázar de los cuentos de E. A. Poe o las recreaciones en castellano de Dolores Vilavedra del paisaje humano de Galicia que se describe en la obra de Manuel Rivas. La poesía de Ana Rossetti es una fiesta para los sentidos y la mente. En sus poemas la luz oblicua del puerto de Cádiz en el sur de España se entrelaza con el olor y el sonido de mundos antiguos que explotan en la punta de la lengua y en los dedos de los lectores. Recrear la rica poesía de Ana Rossetti ha sido un reto agradable en años recientes. Como todo en la vida, y la vida misma, estas traducciones son una propuesta en desarrollo. Necesitan desesperadamente de tu habilidad de imaginación y de tu capacidad de asombro. La poesía de Ana Rossetti posiciona a los lectores al otro lado de aquellas ondas de deseo que expresaba tan bien el hablante de "Calvin Klein Underdrawers". Espero que disfrutes de la lectura de estos versos tanto como yo he disfrutado recreándolos para ti. ✑

—Carmela Ferradáns
Bloomington, Illinois, 2014

# Introduction: The Thread Of Magic

༝ৡৡৡ

*Hours and hours rehearsing verses,*
*reciting them to you,*
*trying to find the magic thread.*

—Ana Rossetti "Inspiración"

I DISCOVERED ANA ROSSETTI'S POETIC IMAGERY in the late 1980s, lurking amidst the lines of "Calvin Klein, Underdrawers," poem number 21 in this anthology. This poem was the seed for my doctoral dissertation and has been pivotal in my professional career as an academic. As one dear colleague once said when introducing me to her graduate class: "Professor Ferradáns is known in the profession as an expert in male underwear." So it is. Since then, I have had the opportunity of dissecting these verses with my students at Illinois Wesleyan, and theorizing about the language of desire and the ambiguous subjectivity with which this poem tantalizes and provokes the accidental reader. I have analyzed the relationship between high art and low art hidden in this contemporary collage of architectural body parts. I have often wondered about that infamous Bruce Webber photograph showing the Olympic champion Tom Hintinaus wearing a white, crisp Calvin Klein brief, the image that provokes this poem. What would have been the reaction of the audiences at Times Square in 1983 when looking at the giant Calvin Klein billboard? Perhaps something similar to what Ana Rossetti felt when confronted with the same photograph in Andy Warhol's magazine *Interview* a couple of years later. In her *Poetics* Rossetti explains the genesis of the poem: Círculo de Bellas Artes in Madrid had asked her to write a poem for an exhibit; she found the Calvin Klein ad in the *Interview* magazine, and the poem became graffiti all over the advertising image. The original written poem appeared first in the anthology *Las diosas blancas* (1985) and later the poet herself selected it for the collection titled *Yesterday* (1991). The original poem written on the Calvin Klein ad appears in the collection *Poemas autógrafos* published by the Círculo de Bellas Artes in 1987.

Reading "Calvin Klein, Underdrawers" today, after more than 20 years toying with what these images might evoke in the reader's mind and fingers, I find it still a wondrous journey of desire of, somehow, becoming the bulging briefs to (un)cover, (re)cover, (dis)cover the precious hidden body part. The very carefully crafted poem makes its case by juxtaposing soft and hard whitish elements taken from nature and architecture respectively: snowy sand, lilies, and cotton flowers mingle with acanthus leafs, Travertine marble and capitals in a landscape of human body parts. At the same time, the soft/hard dichotomy is reminiscent of the conventional female (round, soft) and male (erect, hard) forms, but the ungendered speaker cannot make up his/her mind about which side of the dichotomy would be more desirable. Lines 7 and 8 suggest violent penetration "... around your young turgescence/I would make myself taut " but the text immediately turns its attention to the tenderness suggested by a woman's waist and buttocks "round capitals for your thighs would that I were." This oscillation between the masculine and the feminine, typical of Rossetti's early poetry, makes it impossible for a single and unequivocal reading placing the text into the indeterminacy characteristic of postmodernism. Together with the poetic I, the reader of the poem remains wondering what would it feel like to become the Calvin Klein brief. Wandering around the image, the eyes pinned to the bulging briefs. *Would that I were Calvin Klein.*

With Calvin Klein there was also "Chico Wrangler," a short poem published in 1985 with the collection *Indicios vehementes* [*Vehement Signs*], number 14 of this anthology. This poem opens the section titled *Sturm und Drang,* literally in German "storm and drive," usually translated in English as "storm and stress" referring to the German literary movement that came at the end of the 18th century as a strong reaction to the rationalism imposed by the Enlightenment. The five poems included in this section are, indeed, an explosion of the senses. Raw emotion taking over reason. Objects completely surrendering to the subject's gaze. Of course "Chico Wrangler" refers to the whole young man inside a pair of tight jeans, and not just to the one body part underneath the clothing as in "Calvin Klein, Underdrawers." A powerful chest, vigorous arms and perfect legs are suddenly revealed to the poetic I, which in turn is assaulted and completely overcome by the enticing image. Instead of embarking on a journey of desire, this is a curious poetic subject who doesn't engage directly with the object, the image, but instead remains at a distance, enjoying the pure pleasure of its gaze. Like a voyeur, who scrutinizes an image from a hidden vantage point.

This *voyeuristic* relationship between subject and object is typical of Rossetti's early poetry. The two poems that open this anthology, "El jardín de tus delicias" [The Garden of Your Delights] and "A la puerta del cabaret" [At the Cabaret's Door], show that precise moment in which an accidental subject focuses the gaze into an inconspicuous object. What happens next is raw beauty seen through the eyes of the beholder. Raw beauty masterfully crafted in a poetic text that plays along the fringes of grammar bringing the baroque and the avant-garde to coexist in surreal images sometimes reminiscent of Rafael Alberti and Federico García Lorca, two of the greatest Spanish avant-garde poets of the 1920s and 1930s. In a similar fashion, other Rossetti poems of the 1980s dare to explore this scenario in a fictional subject/object encounter. In the poem "A un traje de pana verde que por ahí anda perturbando a los muchachos" [To a Green Corduroy Suit that Wanders Around Perturbing the Boys] number 5 in this anthology, the poetic I, very much like "Chico Wrangler," is assaulted, dazzled and awakened by a certain image. In this case the I feels invited to the unexpected banquet unraveling before the eyes where clothing is a key component in this particular journey of desire. The main purpose of clothing is not to cover, but rather to (un)cover the body. Clothing evokes and articulates the male body underneath, and in so doing, it is a refuge for the person who wears it as well as an invitation for the person who is looking. Dressing and (un)dressing becomes a site for negotiating desire and gender roles. The green corduroy suit in this poem, like the Calvin Klein brief and the Wrangler pair of jeans, tantalizes the gazing subject who can foresee and actually feel, the body (un)covered by the fabric: "the fabric, when it covers you, is like the peel/of the fruit I shall not try." Clothes become, then, the fabric of desire evoking that tactile nature of language so characteristic of Rossetti's poetry.

THE CHANNEL AND THE FLOW
that old writing became the channel and the flow "Correspondences" [37]

The collection *Punto umbrío* [*Shadow Place*] published by Hiperión in 1995, marks a change in Rossetti's poetic tone. These 29 poems vary in rhythm and length, alternating prose and verse yet maintaining a pensive but at times brooding tone. They are all untitled, forming as a whole a fragmented self-consciousness with a light touch of nostalgia. The subject's gaze and attention turns inward to meditate on those transcendental qualities that make us human – time, love, solitude – and outward to the act of writing itself. The poem that opens the book, number 24 in this anthology, takes us to a time of *invention and clumsiness;* those early moments in life where love was a feared and longed-for intruder, and time was an ever-present flow felt like a *braid made of sand.* Love is at times loss and loneliness, and at times a drawing power that forces us to look at ourselves through the lover's eyes. Hence, the riddle articulated in poem 25: *What will it be like to be you, and by being you knowing, feeling, that I love you?* This you is described as a perplexity, a mystery, an ailment, and from this perspective, the I defines itself. The poem ends in a characteristic Rossetti uncertainty: "What, then, to feel what you would feel." The poetic voice in *Punto umbrío* is very conscious of the limits of language to express the whole of the human experience including those somber moments where doubt, self doubt, is the only possible compass in our behavior. The question posed by the first line in poem number 28 "Pero qué debo hacer" [But what should I do] offers a glimpse into what is disquieting in this poetic voice caught between the *troubling emotions of the world* and the reconstruction of its own fragmented self. The answer is silence and nothingness in this poem, but the original question remains unanswered. The last poem of the book, "Como si una linterna me arrancara de en medio de la noche" [As if a flashlight would rip me from the middle of the night] number 29 in this anthology, echoes the main themes exposed in the collection. The subject here seems to be ready to move on and is somewhat resigned to its own fate: "Be it unto me according to thy dart."

It is not until *Llenar tu nombre,* 2008 [*Filling Your Name*] that Rossetti takes on poetics directly. These 42 poems can be read as a long arts poetica; a writer's manifesto on the importance of craft, a digression on the fabric of poetry itself. Each of these poems *fills* out a piece of the poetic puzzle, is an attempt to answer many of the fundamental questions an artist is constantly confronted with: Where does inspiration come from? What is beauty? Where is the balance between art and artifice? Form and content? And ultimately what is the place of poetry in our lives. I would like to read *Llenar tu nombre* as the plausible answer to the questions posed by Rossetti's poetic discourse, especially the *Punto umbrío* poems. Reading *Llenar tu nombre* along side Rossetti's own *Poetics,* which opens this anthology, puts some light into the act of creating a poem. Let's start with the perception of the world around us. By asking who perceives the world first, the eye or the mind in poem number 30, Rossetti seems to reconcile that old Picasso's quote "I paint objects as I think them, not as I see them." Language is organic; words are beings and through them we are able to conceive and create the world in a poem. But poetry is also about form and format, rhythm and sound. Without the tight form-content connection, a poem is empty. Rossetti is also very conscious of what is left out of any given poem, the silences, the absences that are an integral part of what is being written on the page. Inspiration? It has to do with trying, repeating time after time for hours and hours, looking for that evasive *thread of magic* that will give us a well crafted poem. Writing resurrects what is absent, like a photograph is able to make permanent that fleeting moment that is no longer present. In this sense, writing becomes both *the channel and the flow* through which present and past, memory and consciousness, perception and thought come together on the blank page. Poetry is queen; she is our Lady and our savior. Poetry resides with us; she is in each and every one of us, as she attempts to explain our turbulent souls.

The healing power of poetry takes on a social consciousness with the publication of *El mapa de la espera* in 2008 [*The Map of Waiting*] that closes the poetry selection of this anthology. In this powerful and beautiful prose poem Rossetti maps out displacement and exile in the fringes of the heart bringing solidarity with one another to the core of our shared humanity. In the epigraph Alfred Korzybski warns us that "the map is not the territory" and gives a key for deciphering the text: the difference between *map and territory*. The reader walks directly into a vast imaginary map containing seas, deserts, firmaments, whole cities with tall buildings, and individual houses where people play and dream. The geography is diverse. We can only see what is drawn on the surface. The rest we have to imagine: the fish in the oceans, the mystery of the desert, the caravans of dromedaries, the occasional false mirage, the mineral deposits underneath the earth, the night. The 2010 Polibea edition of *El mapa de la espera* gives us a visual clue in the black and white illustrations by Spanish artist Elena González that accompany Rossetti's verses. These drawings give Rossetti's poetic imagery an additional layer of meaning, sometimes explaining but more often wandering around, outlining the contours of the poetic voice's heart. The drawing on the front cover depicts a small group of *jaimas*, the traditional tent used by the nomad peoples of the desert. An interpretive direct clue to the reader.

## FAITHFULLY AND WITH LOVING RIGOR
*Faithfully and with loving rigor* "Emily Dickinson" [37]

The first two lines of poem 41 give title to this anthology and summarize what I think the poetic experience is: "Because you weed your incessant beauty/and you place it at a lips' reach." Poetry is about beauty, rhythm, and the senses. More so in the case of Ana Rossetti. The main purpose of *Incessant Beauty* is to introduce Rossetti's symbolic universe to American readers. Selecting poems for an anthology is at the same time exciting and overwhelming: one would like to give an ample selection of representative poems, but this task itself is rather impossible because after all what I consider representative might not be other readers' choice. Then, there is the question of arranging the collection. Should it be chronological or thematic? As is the case in most anthologies of poetry, *Incessant Beauty* is a mixture of all of the above guided by my own particular poetic taste. It is arranged chronologically by publishing date with the exception of Rossetti's own *Poética*, translated by Robert Bray, which opens and frames conceptually this anthology. Every poem is numbered for easy reference one to forty two. The selection is more ample in the early collections, especially from *Los devaneos de Erato* [*Erato's Pursuits*], 1980, which earned Rossetti the Gules prize for poetry and much deserved prominence among contemporary Spanish writers. I have omitted the collection *Devocionario* [*Prayer Book*], 1986, all together because it has been widely distributed and studied in colleges around the United States, and, frankly, it has become very stereotypical of Rossetti's early poetry. I included texts that have never been published in English translation like the prose poems "Three Pesetas" (number 16); "Conquered City" and "Transferred City" from City Notes (poems 17 and 18); ten poems from the collection *Llenar tu nombre* [*Filling out your Name*], and *El mapa de la espera* [*The Map of Waiting*], 2008 and 2010.

Translating Rossetti's frisky and vivacious imagery into English has been a pleasurable venture for me. The poetry translator needs to have a sensibility for poetic language since translating is, in fact, writing a new poem. In the best case, a translation enriches the original text providing meaningful insights into the poet's world, as someone once said. I am thinking here of the beautiful translation into Spanish of E. A. Poe's short stories by Julio Cortázar, or the recreation of the haunting Galician human landscape in Dolores Vilavedra's Spanish translation of Manuel Rivas' short stories written in Galician. Ana Rossetti's poetry is a feast for the senses and the mind. In her poems the oblique light of the port of Cádiz in the South of Spain, intertwines with the smell and the sound of Ancient worlds making explosions of meaning at the tip of the reader's tongue and fingers. Recreating this rich poetry in English is a challenge that I have welcomed in recent years. Like everything in life, and life itself, these translations are a work in progress. They are in desperate need of your ability to imagine and wonder. Ana Rossetti's poetry positions us readers at the receiving end of those waves of yearning desire expressed so masterfully by the speaker of "Calvin Klein, Underdrawers." I hope you will enjoy reading these lines as much as I have enjoyed recreating them for you. ☙

—Carmela Ferradáns
Bloomington, Illinois, 2014

# Poética

❧❧❧

E s muy difícil escribir poéticas. Sobre todo porque suelen ser de poco menos de treinta y tres líneas por sesenta pulsaciones y eso es imposible. No digo que toda una vida no pueda resumirse en un haikú, pero una cosa es la poesía que es condensación y otra la poética que es explicación. La mayoría sale del paso escribiendo bellas sugestiones o curiosas anécdotas, cuando no enigmas deliberados; una determinación bastante temeraria pues tras las poéticas suelen venir los poemas y como a alguien le dé por comparar puede pensar que le están tomando el pelo. No porque los poemas desmerezcan, que sólo faltaría, sino simplemente porque no se correspondan los propósitos con los resultados. Al final, estas poéticas de menos de un folio han acabado siendo otro género literario, es decir, una convención que desobedece el consejo de Wittgenstein de que lo que no pueda expresarse claramente, mejor que no se diga de ninguna manera. A mi modo ver, esto es enturbiar la palabra poética más que iluminarla y una manera de no comprometerse.

Una obra de arte, se compone de ajustes y estructuras; es imposible hablar de ningún tipo de creación prescindiendo de su manifestación formal: todo lo demás son divagaciones. La relación entre el qué, y el cómo será la que determine si el trabajo ha cumplido o no su objetivo. El porqué, el para y el por, son sólo condicionantes secundarios a la hora de enjuiciar una obra aunque a veces sus límites con el cómo y el qué estén difuminados en algunas etapas del hecho creativo. Una poética sirve para explicar casi lo único que se puede aclarar objetivamente en el arte y es el cómo se ha hecho. Ahora bien, una cosa es mostrar cómo se realiza un proceso y otra esclarecer cómo se consigue trascender el proceso, es decir, lo que llamamos poesía. La poética explica el cómo, nada más, no la obra de arte en sí. Porque, en definitiva, aunque para la elaboración de una obra se cuente con los mejores materiales y éstos se manejen con la debida pericia; aunque se tengan las más grandes ambiciones y las más brillantes ideas, los resultados no tienen por qué estar siempre a la altura. Ni los ingredientes ni las instrucciones de la receta garantizan el guiso; tampoco las dificultades superadas aunque, a veces, confundimos los medios con el resultado final. Creemos que la satisfacción por haber superado los obstáculos es la señal de que hemos logrado una obra maestra, pero se disfruta lo mismo haciendo un verso bueno que uno malo si se hace con la sinceridad y el entusiasmo debidos. Por eso de nada vale desplegar hermosas páginas sobre lo que para uno es la poesía y la belleza y la tradición, o la vanguardia, según los casos… porque nada te asegura que vayas a volver a escribir un solo poema pasable en tu vida y no cuenta el camino recorrido ni siquiera acaben de concederte el Nobel. Ya puedes tener la más audaz de las propuestas, las referencias más sólidas y hayas superado todas las dificultades de una composición arriesgada.

Procedo del teatro y algo sé sobre los métodos de ciertos actores para hacerse con un personaje. Hay quienes le trazan meticulosamente un árbol genealógico cargado de inquietantes herencias y relaciones no menos significativas; o quienes le descubren patologías que justifican sus conductas; quienes se esfuerzan en deducir el signo del zodíaco, el color que mejor le sienta, la comida por la que siente aversión y las circunstancias del primer beso. He presenciado muchos ensayos en los que, en vano, algún director interrumpía prolijas explicaciones con un «no me lo cuentes, hazlo»; el actor, o la actriz, continuaba enumerando, imperturbable, las razones éticas o clínicas de su personaje que lo hacían conducirse de la manera que él o ella no acertaba a representar convincentemente. Otros, estudiaban su papel sobre la vida misma sin dudar en meterse para ello tanto en conventos como en prostíbulos. Por el contrario, había quienes escogían la técnica de la motivación. Sé de quien exigía limones entre bastidores para provocarse arcadas, de quien necesitaba oler alcanfor para concentrarse o de quien apretaba un cardo lleno de púas para que la molestia le hiciese entrar en escena con cara de Señorita Rottenmeier. Otros, más refinados, habían trabajado esas sensaciones para reproducirlas cuando fuera preciso sin necesitar físicamente limón, alcanfor o cardo. Esta técnica tenía su máximo paradigma en la actriz Glenda Jackson de la que se decía que bastaba el sonido de una copa de cristal para entrar en situación instantáneamente. Observen que estos rituales practicados por una gran actriz puede parecer una genialidad mientras que si lo hace un cómico de tres al cuarto enseguida se vuelve ridículo. Sin embargo todo el que lo hace está poniendo en ello lo mejor de sí, pero para al público estas triquiñuelas le son indiferentes. Lo que determina la validez de una obra, es que la obra misma haga olvidar cimientos, andamiajes y recursos. No niego, sin embargo que es agradable descubrir que las vigas de la casa son de cedro tras los artesonados de ciprés pero insisto en que lo que importa no son los entresijos de entre cajas, sino lo que se llama «traspasar batería» para llegar directamente al público. Las poleas, las cuerdas, los resortes, las maquinarias, no son atractivas, desde luego, pero son necesarias. No son la función, pero sin ellas la función sería otra. El entramado que cada cual elige para poner en pie su obra es importante pero el éxito de una obra no depende de la tecnología punta o que el método interpretativo lo haya aprendido del mismo Stanislavski.

Hay algo que se llama talento y eso se puede potenciar, pero no se puede aprender y ahí empieza la discusión de si se puede ser artista con mucho talento y ninguna técnica o con mucha técnica y ningún talento. Yo lo que creo es que no merece la pena ser nada sin vocación. Muchos actores y actrices, poseídos de sus técnicas como infalibles marchamos de calidad, se crispaban de indignación, e incluso de desprecio, a causa del maestro José Bódalo, que era capaz de bordar una escena mientras escuchaba un partido de fútbol. A ninguno se le ocurría que el poder tener la cabeza en dos sitios y mantener el tipo sin perder pie significa un dominio, una concentración y una técnica admirables. Hay que tener talento desde luego, pero indisolublemente unido al oficio. Ese es el secreto.

El arte es un artificio: por tanto, una técnica. Sea ésta cual sea, pero técnica al fin y elaboración. El oficio hace que el artificio parezca auténtico y que toda alusión a su dificultad desaparezca. Ayuda a que la obra parezca brotar espontáneamente del corazón del artista sin tener conciencia de su lucha con las palabras para hacerlas más claras y persuasivas. Las palabras sólo son verso cuando se organizan en sílabas convirtiéndolas en melodía induciendo al oído a captar sus reiteraciones. La sucesión de sonidos y la distribución de la pausa métrica requieren una medida para marcar los ritmos. Este ritmo actúa de armazón debajo de las distintas palabras; lo mismo que hay un ritmo para el vals o la habanera, lo hay para la décima o el soneto y el lector participa de ese devenir, asimilándolo, repitiéndolo en su interior. El verso, como la música, es diacrónico y se apoya en la memoria para poder desplegar su recorrido. La rima nos proporciona un encuentro que nos hace gozar cada vez que se produce como una expectativa cumplida y cuando no la hay, debe producirse ese efecto mediante otras opciones que le de al conjunto cohesión y armonía. La armonía mantiene sin esfuerzo aparente el equilibrio entre opuestos y es lo que hace creer que una obra se ha producido sin especulaciones, sustituciones y renuncias. Hay tantas muestras de facilidad expresiva en la historia de la Literatura que algunos se asombran de que existan talleres de poesía; se supone que un poeta debe sentir en liras o en octavas reales sin previa instrucción. Contrariamente, para probar o justificar su valía aunque no agrade su obra, a un pintor, un escultor o un músico, le basta con exhibir sus años en el Conservatorio o en Bellas Artes. Entonces nos convencemos de que si hace mamarrachos es porque quiere, no porque no sabe. Un poeta no. Un poeta debe nacer sabiendo prosodia y sintiendo en alejandrinos. Pero no sentimos en palabras del mismo modo que no lo hacemos en colores ni en arpegios, ni en formas. Y en catedrales góticas muchísimo menos. Los sentimientos, nos gusten o no, son procesos químicos y las palabras son la manera en que hemos acordado de mencionarlos y que han variado según las épocas. Toda expresión, artística o no, es una traducción a un código convenido para que pueda discernirse. El arte proviene de la correcta conducción de lo que se quiera comunicar y necesita de una forma para ello; no hay talento que se apoye en la nada. Pero así como para ser poesía, además de la destreza, se necesita la trascendencia de los signifiados, hay otra cosa indefinible que es la cualidad intrínseca a las obras maestras; se puede distinguir pero no definir y mucho menos prever. La misma fórmula del Quijote está utilizada en Fray Gerundio; sin embargo, El Quijote es una obra única que aún suscita deleite y prodiga enseñanzas mientras que Fray Gerundio de Campazas no pasa de ser una curiosidad. El que una obra traspase países y épocas depende de algo más que de su perfecta ejecución pero qué cosa sea ésta no lo sabemos de antemano.

Volviendo a las poéticas. Entiendo por poética lo que etimológicamente significa la palabra: estudio de la obra que va a realizarse. Ni más ni menos. Por lo cual, la verdadera poética consistiría en una memoria del proyecto de un poema o incluso de un libro en cuestión o, hablando en términos de cine, en el resumen de argumento, desarrollo del guión y escaleta de secuencias. Es decir, si yo hablara de Dióscuros, por ejemplo, mi poética sería la siguiente: Se me ha pedido unos poemas inéditos para la editorial Jaramín. Son unos cuadernos apaisados cosidos a mano con un cordoncillo de seda. Según los números anteriores, consta de tantas páginas, utilizan el mismo cuerpo de letra y el mismo criterio de edición. Ahora bien: para una publicación tan esmerada, no soy capaz de soltar poemas inéditos, sean cuales sean de cualquier tema o de cualquier longitud por mucho que se le intente disfrazar de selección propia. Así pues, decido hacer poemas nuevos a la medida. El número de versos para que queden cómodamente centrados es de entre catorce a dieciséis. En un primer momento elijo hacer sonetos, pero en cuanto decido el asunto a tratar, los sonetos resultan demasiado estáticos. No hay que olvidar que en el teatro clásico el soneto detiene la acción y equivale al aria en la ópera. Rompo entonces la estrofa y el endecasílabo y hago una serie de poemas de dieciséis versos de distinta métrica. Cuando ya tengo varios hechos, empiezo a ver la disposición de la obra dentro del cuaderno que la va a recoger. Abro paréntesis. No sé si es pertinente, antes de continuar con el cómo, comentar un poco el qué. Esto es lo más difícil de explicar porque se puede contar de dónde vienen las ideas, pero las fases que atraviesan hasta convertirse en objeto de arte por medio del lenguaje poético sigue siendo un proceso misterioso. Sin embargo recuerdo perfectamente cómo surge lo que sería el poema «NUEVE»: de un comentario trivial sobre que las chicas apenas tienen adolescencia pero luego son jóvenes más tiempo, mientras que los chicos pasan de ser adolescentes a perder pelo y a echar tripa sin apenas ser jóvenes. El que ello desencadenase una serie de asociaciones hasta llegar a armar un poema de veintidós versos, me es imposible explicarlo honradamente, porque no conozco las prodigiosas operaciones cerebrales para enhebrar recuerdos y percepciones en una realidad diferente. Claro que aunque pudiera mostrar las conexiones que hacen brotar una metáfora o la combinación química que origina un concepto sorprendentemente nuevo de la concurrencia entre tradición literaria, lugares comunes o viejos prejuicios, tampoco sabría explicar por qué, de todos los posibles resultados, unos son poesía y otros no. Pero tampoco se comprende cómo de entre tantos estímulos y preocupaciones, se elige una determinada porción para circunscribirse a sus límites. Sin embargo la creación consiste en hacer prevalecer un orden por encima de la confusión de sensaciones, estímulos, ideas, presentimientos... Si la música con sólo siete notas es capaz de producir infinitas combinaciones distintas, qué podemos hacer con la abrumadora cantidad de las palabras. ¿Cuáles se descartan y cuáles se exceptúan? La creación es una enorme exclusión, lo que conlleva una decisión inquietante y una fe inquebrantable en la intuición. Por todas partes surgen los contrastes, la desafinación, el caos. La tarea consiste en reducirlos a similitud, armonía y orden. Cuando se va distinguiendo la línea de la melodía, el trayecto seguro de las palabras, la dirección patente de la idea, se está designando el elemento esencial que se separa del resto de las posibilidades.

A veces se tiene una estructura, un ritmo, unas frases ya enlazadas y hay que hallar la palabra que obre como la clave que les dará sentido. A veces es justamente una palabra, una frase la que se adelanta y marca el centro de la composición; entonces, se precisa rodearla de otras que la engarcen adecuadamente. Cualquier palabra por alambicada o vulgar que sea puede ser utilizada en cualquier texto literario, incluso en poesía, siempre que demuestre que es ella y no otra la que debe figurar. Eso se consigue mediante un entorno que la asimile y la encaje de manera perfecta para que no parezca ajena a la totalidad de la obra.

En el caso de *Dióscuros,* en cuanto tuve claro el asunto, elegí los tejidos como un motivo constantemente presente y los olores para que aparecieran de manera eventual como en un segundo término. El asunto pronto se estableció como la relación entre un niño y una niña con el mundo, que iban descubriendo a través de sus sensaciones. Esa introspección para recordar mis propios hallazgos me llevó a apoyarme en datos que almacenaba en mi memoria sensorial: la vela de esperma, el baúl de sándalo, la escultura de Dafnis y Cloe, la visión de mi traje de comunión flotando en las sombras… Al igual que los limones, el alcanfor y el cardo, verso a verso podría ir evocando distintas piezas de mi infancia para, al hacerlas salir a escena, ilustrar las emociones que acompañaron ciertas vivencias. Entre esos elementos fuertemente físicos, se encuentran también fragmentos de lecturas. Se es también lo que se lee. La literatura asimilada es totalmente orgánica, forma parte de nuestra biografía. Concita miedo, risas, lágrimas, excitación, indignación y placer intensísimos. Muchos mundos desconocidos y muchos secretos sobre nosotros nos son revelados a través de los libros. Por eso recogí esa experiencia en *Dióscuros* mediante dos referencias: Proust en el episodio de Odette y las orquídeas, y Dante en la historia de Paolo y Francesca. El que nadie sepa que en casa de mi abuela había un baúl de sándalo con albas y vestiduras de canónigo es tan irrelevante como el que nunca se haya relacionado el «aquella tarde, pude seguir leyendo» con el «aquella tarde no siguieron leyendo», de *La Divina Comedia,* porque lo que importa es su oportunidad y sentido dentro del poema, así se convierten en el poema porque pasan a formar parte inseparable de él.

Sigo con el cómo. Considerando la paginación, el primer poema será una especie de prólogo con título. «INCITACIÓN», porque actúa precisamente así: «Escapémonos, huyamos a los cómplices / días de la niñez…» Los siguientes estarán encabezados con la palabra en mayúsculas del ordinal correspondiente. No recuerdo por qué elegí el ordinal a favor del cardinal, pero el que esté en letras no es capricho: es porque la edición es a dos tintas y se puede aprovechar el efecto. Como los poemas «TRES» y «CUATRO» caen justo en el centro del cuaderno aprovecho para utilizar dos poemas más cortos. El último, el «NUEVE», ocupa dos páginas y tiene los versos necesarios para que en la página impar acaben los versos en el mismo punto que comienzan en la página par.

Este modo de trabajar teniendo en cuenta la forma total del poema, no sólo en su estructura independiente sino atendiendo al soporte y a las características de edición, puede comprobarse fácilmente en una de las partes de *Indicios vehementes: «Sturm und drang»*; en *Apuntes de Ciudades; Virgo Potens; La nota del blues*... o en poemas que iban a ser publicados de modo especial como «Nocturno», «Misterios de pasión», Imago Passionis, Quinteto..., así como mis álbumes y mucha de mi obra infantil. El caso del poema a los calzoncillos de Calvin Klein llega al punto de convertirse la escritura en dibujo. Tiene que ver también con la manera en la que el poema fue concebido. Me habían pedido un poema manuscrito para una exposición. Yo dije que no. Tengo bastante con el psicoanálisis que he sufrido por cada palabra escrita en letra de molde como para encima someterme al dictamen de los grafólogos, pero además no tenía nada inédito. Sin embargo, a veces es suficiente con una propuesta, por muy ambigua que sea, para ponerme en el disparadero. Sucedió entonces que cayó en mis manos el Interview de Andy Wharhol con el conocidísimo anuncio de calzoncillos. No tuve más que hacer una fotocopia en color y tratar el anuncio como un publivía. El poema se convirtió en graffiti rodeando el motivo principal: el calzoncillo blanco de algodón. Como se verá, hay tantas poéticas como asuntos, pues cada cual requiere un tratamiento distinto.

He mencionado a la crítica. Hay que tener cuidado con ella porque afecta directamente a la vanidad. A la vanidad herida o a la vanidad halagada. No se sabe cuál es más nociva para el espíritu. Las buenas críticas, o las que el autor cree que lo son porque lo ensalzan, hayan entendido gran cosa o ninguna de la obra en cuestión, contribuyen a que el creador quiera parecerse cada vez más al espejo que le ponen delante porque sabe que ha dado con una fórmula que funciona. A su vez, el público se va acostumbrando a ese determinado registro y no le permite nuevas tentativas a sus expensas: cuando compra una novela de Fulano, quiere leer una novela de Fulano y cuando se estrena una película de Mengano, quiere ver una película de Mengano, porque va sobre seguro. Un autor de éxito se ve en la tesitura de traicionar las expectativas de su público así se tenga que repetir hasta la náusea o traicionarse a sí mismo. Eso en pintura se puede constatar de una manera más fehaciente y comprensible: quien haya invertido una millonada en un X quiere que todo el mundo sepa que lo que tiene colgado en la pared es, efectivamente, un X.

La mejor crítica es la autocrítica, pues le sirve al creador para revisar sus coordenadas siempre amenazadas con ser arrastradas y fagocitadas por la opinión y los prejuicios generalizados. Con ello activa la función poliédrica del arte, que jamás es unívoco y que cambia según quien lo mira. Y aun hasta quien lo mira nunca lo ve dos veces del mismo modo, bien porque cambie de ángulo, bien porque haya cambiado el color de sus cristales. El don de observar que le hace al creador reconocer en cualquier lugar los materiales que se necesita, es también el que hace que el espectador de una obra detecte esta captura y la sume a las suyas propias completando la aventura creativa. No hace falta de grandes catástrofes para percibir lo imprevisto. A veces es sólo la imperfección de un tejido el que nos hace visible el dibujo de la trama. Observar es atender, estar en alerta, en disposición de registrar el menor incidente, el interrogante que hace que lo común se convierta en algo extraordinario. Lo que está siempre presente es lo que necesita de más atención para que le sea devuelta su peculiaridad. Por eso es más importante la invención en su sentido de descubrimiento y de realización que la sola imaginación si no tiene la voluntad de cristalizar en una realidad nueva. Precisamente en el metro descubrí un escrito de Ramón y Cajal que ilustra lo que quiero decir: «Aún los llamados hallazgos casuales —dice—, se deben comúnmente a alguna idea directriz que la experiencia no sancionó pero que tuvo virtud, no obstante, para llevarnos a un terreno poco o nada explorado». Efectivamente, como yo estaba entonces preocupada porque tenía que escribir esta poética, el texto me sobrevino como una respuesta a lo que buscaba tal como a continuación se explica: «Si se me perdonara lo vulgar del símil diría que en estas materias sucede lo que con las personas conocidas, que aparecen en la calle entre la multitud de transeúntes en el preciso instante en que pensamos en ellas, por la razón bien sencilla de que, cuando en ellas no pensamos pasan cerca de nosotros sin percatarnos de su presencia». Esto nos remite al tema tan controvertido de la inspiración. Naturalmente que existe. Hay una gran diferencia entre una obra simplemente correcta y una inspirada; pero la inspiración no es una condición previa, ni brota en el vacío. Es la manifestación que lleva consigo cualquier acto especulativo de la índole que sea. El sentido de búsqueda tiene que estar en marcha para que se produzca la revelación. «Se estudia, se indaga —dice Stravinski— y de pronto algo se adelanta obligándonos a tenerlo en consideración». Cierto que Picasso sostenía que él no buscaba sino que encontraba. Pero es que en él la vigilancia era su estado natural. Lo que tiene de confuso el término de inspiración es que se le concede al arte negándole con ello su acción consciente y deliberada y se le niega a la ciencia porque no se le concede emotividad. Pero la emoción de resolver un problema, vencer un obstáculo, averiguar un secreto, descifrar un mapa, juntar dos piezas, enunciar una ley da lugar a ese estado de gracia que es la inspiración. Pero antes debemos disponer del problema, del obstáculo, del secreto, del mapa, de las piezas o de las premisas que fundamentarán la ley. Por eso, lo que procuro enseñar en los talleres que imparto son estrategias para empezar a producir material sin estar sometidos a la inspiración ni al tan arraigado prejuicio contra el papel en blanco. La escritura engendra escritura. Las palabras, las frases tienen que ser escritas para poder ser manipuladas, ensayadas, reemplazadas y corregidas, hasta configurarse en un texto. Hay que acabar así con la afirmación tan extendida de que la obra artística procede de los hermosos paisajes, los objetos raros o las pasiones exaltadas. Se sabe que una excesiva belleza distrae sin dar tregua a la concentración, el exotismo deslumbra impidiendo la comprensión y un sentimiento acendrado embota. Bécquer confesó que cuando sentía, no escribía y aún más: desconfiaba de la sinceridad de una carta amorosa bien redactada. Y tiene razón. ✿

—Ana Rossetti, 2007

# Poetics

✺ ✺ ✺

I T IS VERY DIFFICULT TO WRITE POETICS. Mostly because they tend to
be a little less than thirty-three lines of sixty beats and that is impos-
sible. I'm not saying that a whole life cannot be summed up in a
haiku, but one thing is poetry, which is condensation, and the other
poetics, which is explanation. The majority muddles through by writing
lovely suggestions or curious anecdotes, if not willful puzzles; a rather
rash decision, since poems tend to come after poetics, and someone com-
paring the two may think you're pulling his leg. Not because the poems
are unworthy, that would be missing the point, but simply because the
objectives don't correspond with the results. In the end, these poetics of
less than one page have become another literary genre, *i.e.,* a convention
that disobeys Wittgenstein's advice that if you can't express something
clearly, it's better not say it in any manner at all. In my opinion, this
muddies the poetic word more than illuminates it, and a way to not get
involved.

A work of art comprises settings and structures; it is impossible
to speak of any type of creation while disregarding its formal manifesta-
tion: everything else is digression. The relationship between what and
how will determine whether the work has fulfilled its objective or not.
When it comes to interpreting a work, why and for what, are only sec-
ondary conditions, although at times their borders with how and what
are blurred at some stages in the creative making. A poetics serves to
explain almost the only thing that can be clarified objectively in art: how
it was made. However, it is one thing to show how a process works and

another to clarify how something transcends process and becomes that which we call poetry. A poetics explains the how, nothing more, not the work of art in itself. Because, ultimately, even if the making of a work were to have the best materials, and these were handled with appropriate skill; even if they were to have the greatest ambitions and the most brilliant ideas, the results don't always measure up. Neither the ingredients nor the recipe guarantee the stew; not even when difficulties are overcome, although, sometimes, we confuse the means with the end result. We believe that the satisfaction of having overcome an obstacle is the sign that we have achieved a masterpiece, yet writing a good verse is just as enjoyable as a bad one if it is done with sincerity and enthusiasm. Hence, it is of no avail to unfurl lovely pages about what one thinks is poetry and beauty and tradition, or the avant-garde, as the case may be. . . because nothing assures you that you will return to writing a single passable poem in your life, and there's no telling whether the path followed will ever end up awarding you a Nobel Prize. And you can have the most audacious proposals, the most solid references and have already overcome all the difficulties of a risky composition.

I come from the theatre and know something about the methods of how certain actors get into character. There are those who would meticulously draw a family tree loaded with disturbing legacies and no less significant relationships; or those who uncover pathologies that justify their behavior; those who strive to deduce from the sign of the Zodiac, the color that best suits them, the food they dislike and the circumstances behind their first kiss. I have witnessed many rehearsals during which, on a whim, some director interrupts lengthy explanations with a 'don't tell me, do it;' the actor or actress continued enumerating, undismayed, the ethical or clinical reasons why their character had to behave a certain way or it wouldn't be a convincing performance. Others, studied their role through life itself, without hesitating to immerse themselves in convents and brothels. On the other hand, there were those who chose the art of motivation. I know of one who demanded lemons backstage in order to bring on the heaves, one who needed the scent of camphor to concentrate or one who clenched a thistle full of quills so that the pain would make him go on stage with a 'Señorita Rottenmeier' face.[1] Others, more refined, had already worked up those feelings so as to reproduce them when necessary without physically needing a lemon, camphor or thistles. This technique had its best paradigm in the actress Glenda Jackson of whom it was said that the sound of a crystal glass was enough for her to get into character instantly. Notice that these rituals when practiced by a great actress can seem like genius, whereas if a two-bit comic does so it immediately becomes ridiculous. No doubt everyone who does so is putting their best face on it, but for the public these tricks are half-hearted. What determines the validity of a work is that the work itself should leave behind its foundations, scaffolding and resources. Although I don't deny that it is pleasant to discover that the beams of the house, behind the coffered ceiling of cypress, are made of cedar, I must insist that what matters are not the intricacies of casings but what is called 'breaking through the footlights' to get directly to the audience. Pulleys, ropes, springs, machinery are not marvelous, of course, but they are necessary. They are not the performance, but without them the performance would be something else. The framework that one chooses to erect one's work on is important, but its success doesn't depend on cutting-edge technology or even on the method of interpretation as taught by Stanislavski himself.

There is something called talent, and this can be realized but not taught and there begins the discussion of whether one is an artist with much talent and no technique or much technique and no talent. I believe that, without vocation, nothing is worth the effort. Many actors and actresses, possessed by their techniques as infallible marks of quality, twitched with indignation, and even contempt, because of maestro José Bódalo,[2] who was able to embroider a perfect scene while listening to a soccer match. It didn't occur to anyone that to be able to keep one's head in two places at once and sustain character without missing a step, signifies admirable command, concentration and technique. There must be talent, of course, but inextricably joined to craft. That is the secret.

Art is artifice: therefore, technique. Be that as it may, but ultimately technique with elaboration. The craft makes the artifice appear authentic and all reference to its difficulty disappear. It helps the work appear to spring spontaneously from the heart of the artist without being aware of her struggle with words to make them clearer and more persuasive. Words are only verse when organized into syllables turning them into melody, inducing the ear to catch their reiterations. The succession of sounds and spacing of metrical pauses require a measure for setting cadences. This rhythm acts as a framework beneath the distinct words; just as there is a rhythm for the waltz or the habanera, there is one for the décima[3] or the sonnet and the reader participates in this becoming, assimilating it, repeating it in her head. Verse, like music, is diachronic and relies on memory so as to reveal itself again when drawn upon. Rhyme provides us a surprise that makes us joyful each time it happens, like a fulfilled expectation, and when there isn't any, one ought to produce this effect through other options that gives the set cohesion and harmony. Harmony maintains, without apparent effort, the balance between opposites and it's what makes one believe that a work has been produced without speculations, changes and renunciations. There are many instances of expressive ease in the history of literature that some people are amazed that poetry workshops exist; one supposes that a poet ought to feel in lira or Sicilian octave without prior instruction. By contrast, in order to prove or justify his worth, even if he is not pleased with his work, it is sufficient for a painter, sculptor or musician to show his credentials from a conservatory or a school of fine arts. So we convince ourselves that if he makes a mess it's because he wants to, not because he doesn't know how to do art. A poet, no. A poet should be born knowing prosody and feeling in alexandrines. But we don't sense words in the same way that we don't feel colors or arpeggios, or forms. And much less Gothic cathedrals. Feelings, whether we like them or not, are chemical processes and words are the means by which we conventionally represent them and which have varied through the ages. All expression, artistic or otherwise, is a translation of an agreed-upon code so that it can be discerned. Art comes from the proper management of what you want to communicate and needs a form to do it; there is no talent that rests on nothing. But in order to be poetry, in addition to skill, the importance of meaning is needed, there is another indefinable thing that is the intrinsic quality of masterworks; one can distinguish but not define, much less anticipate it. The very formula of Quixote is used in Fray Gerundio;[4] however, *Don Quixote* is a unique work that still elicits delight and a great deal of instruction, while *Fray Gerundio de Campazas* remains nothing but a curiosity. Whether a work transcends nations and epochs depends on something more than perfect execution, but what that something could be we do not know beforehand.

Returning to poetics. My understanding of poetics is based on the etymological meaning of the word: the study of the work at hand. No more, no less. Hence, true poetics would consist of a memory of the project of a poem or even the book in question or, speaking in cinematic terms, of a plot summary, script development and rundown of scenes. That is to say, if I speak of *The Dioscuri*, for example, my poetics would be the following: I have been asked for some unpublished poems for the Jaramín publishing house. They are oblong notebooks hand-sewn with a silk cord. In accordance with previous numbers, it consists of just so many pages, all using the same font and type point and the same editing criteria. Now: for such a polished publication, I can't just let loose unpublished poems, regardless of subject matter or length, however much one tries to disguise the selection as one's own. Thus I decide to write new poems tailored to specifications. The number of lines that can be comfortably accommodated is between fourteen and sixteen. First I opt to do sonnets, but on second thought, I decide that sonnets are too static. It must not be forgotten that in classical theatre a sonnet stops the action and is the equivalent of an aria in opera. I therefore take apart the stanza and the hendecasyllable and make a series of poems of sixteen lines in distinct meters. When I have a number of these done, I begin to see the arrangement of the work within the notebook that is going to be its home. Here I digress. I don't know if it is pertinent, before continuing with the how to comment a little on the what. This is the most difficult to explain because one can account for where ideas come from, but the phases that they go through to become a work of art through poetic language remains a mysterious process. Nevertheless, I remember perfectly how what will be poem 'NINE' arose: from a trivial comment about how girls go through adolescence quickly yet stay young for a long time thereafter, while boys go from being teenagers to losing their hair and getting a beer-belly, never to be young again. Whether this triggers a series of associations until I piece together a poem of twenty-two lines, it is honestly impossible for me to explain, because I'm not acquainted with the prodigious cerebral operations that thread through memory and perception in a different reality. Of course if I could show the connections that give birth to a metaphor or the chemical combination that creates a startlingly new concept in the confluence of literary tradition, commonplaces or old prejudices, I couldn't tell you why, of all possible outcomes, some are poetry and others are not. But neither can one understand how among many stimuli and anxieties, one chooses a certain portion to be confined. However, creation consists of making order prevail atop the chaos of sensations, stimuli, thoughts, presentiments. . . If music with only seven notes is capable of producing infinite distinct combinations, how much more can we do with the overwhelming number of words. Which are discarded and which are kept? Creation is a huge act of exclusion, one that entails a disquieting decision and an unwavering faith in intuition. Contrasts, dissonance and disorder arise everywhere. The task requires distilling these to likeness, harmony and order. When one is picking out the melodic line, the true trajectory of the words, the obvious direction of the idea, one is designating the essential element that separates itself from the rest of the possibilities.

At times it has a structure, a rhythm, some phrases already linked, and the need to find the word that functions as the key that gives them meaning. Sometimes it is just one word, or a phrase that breaks through and marks the center of the composition; then, it is imperative to surround it with others that would connect them properly. Any word, convoluted or ordinary, can be used in any literary text, including poetry, so long as it shows that it and no other is what must appear. This is achieved through an environment that assimilates and fits it perfectly so it does not appear alien to the entirety of the work.

In the case of *The Dioscuri*, as soon as I understood the matter, I chose fabrics as a recurrent motive and odors that would eventually appear as the secondary motive. The matter was soon established to be the relationship between a boy and a girl with the world, which they were discovering through their senses. The probing of my own memories led me to rely on data stored in my sensory memory: the candle made from sperm oil, the sandalwood trunk, the sculpture of Daphnis and Chloë, the vision of my communion dress floating in the shadows . . . Much like the lemons, camphor and thistle, line by line I would go on evoking distinct pieces of my childhood, putting them all on stage, to illustrate the emotions that accompanied certain experiences. Among those strongly physical elements, you could also find fragments of reading. We are also what we read. The literature we read becomes totally organic; it is part of our biography. It brings on fear, laughter, tears, excitement, anger and the most intense pleasure. Many unknown worlds and many secrets about ourselves are revealed to us through books. Hence I gleaned this experience in *The Dioscuri* from two sources: Proust in the episode of Odette and the orchids, and Dante in the story of Paolo and Francesca. That nobody knew that my grandmother had a sandalwood trunk in her house, filled with albs and other clerical vestments is as irrelevant as the fact that 'that afternoon, I kept on reading' has never been linked with 'that afternoon they did not continue reading,' from the Divine Comedy,[4] because what matters is its opportuneness and purport within the poem, so they are made new in the poem because they become an inseparable part of it.

I'm continuing with the how. Regarding pagination, the opening poem will be a kind of prologue, with the title 'INCITEMENT,' precisely because it does just that: 'Let's escape, let's flee to the complicit / days of our youth. . .' The following poems will be headed in capital letters of their corresponding ordinal. I don't remember why I chose ordinals over cardinals, but that it's written in words rather than numbers is not capricious: it is because the edition is done in two colors and I can make the most of this effect. As the poems 'THREE' and 'FOUR' fall right in the center of the notebook, I take advantage of this by inserting two shorter poems. The last poem, 'NINE,' takes up two pages and has the necessary number of verses so that on the odd-numbered page they end at the same point that they begin on the even-numbered page.

This mode of work, taking into account the whole form of the poem, not only in its independent structure but attending to the book's physical form and the conventions of editing, could be easily tested in one of the parts of *Vehement Signs: 'Sturm und drang;'* in *City Notes; Virgo Potens; La nota del blues* . . . or in poems that go on to be published in a special manner, like 'Nocturno,' 'Misterios de pasión,' *Imago Passionis, Quinteto* . . ., as well as my albums and much of my children's literature. The instance of the poem about the Calvin Klein underwear reaches the point of turning writing into drawing. It also has to do with the manner in which the poem was conceived. I had been asked for a poem in manuscript for an exposition. I said no. I have suffered enough psychoanalysis for each printed word to now submit myself to the dictums of graphologists, and, besides, I had nothing unpublished to offer. Nevertheless, at times it is enough with just a proposal, however ambiguous it may be, to put me in motion. It then happened that I came across Andy Warhol's *Interview,* the one with the world famous underwear ad. I had no more to do than to make a color photocopy and treat the ad as a kind of billboard. The poem turned into graffiti surrounding the main motive: the white cotton underwear. As will be seen, there are as many poetics as there are cases, but each requires a distinct treatment.

I have mentioned critique. Care must be taken with it, because it directly affects one's vanity. Vanity wounded or vanity flattered. I don't know which is more harmful to the spirit. Good critique, or those the author believes shower praise on her, having understood everything or nothing about the work in question, tempt the creator to look at herself in the mirror of her works–because she sees that she has a formula that works. In turn, the audience gets used to this regularity and won't allow new endeavors at their expense: when buying a novel by John Doe, one wants to read a novel by John Doe, and when one premiers a film by Richard Roe, one wants to see a film by Richard Roe, that goes for sure. A successful author puts himself in danger of betraying the expectations of his audience, so he has to repeat himself until nausea or betrayal are one and the same. This in painting can be observed in a manner more unfailing and understandable: one who has invested millions in an X wants everyone to know that what he has hanging on the wall is, in fact, an X.

The best criticism is self-criticism, for it helps the creator in inspecting his coordinates–always threatened by being dragged down and swallowed up in opinion and widespread prejudice. This pushes ahead the multifaceted function of art, which is never univocal and changes according to who looks at it. And even after looking at it once, it never looks the same way again, either because of a change of angle, or because there has been a change in the color of the glass. The gift of observing that makes the creator recognize just where the necessary materials are, is also that which leads the observers of a work to recognize what has been captured and adds to their own consummation of the creative adventure. It doesn't take great catastrophes to perceive the unexpected. Sometimes it's only the imperfection of a fabric that makes visible the design in the weft. To observe is to heed, to be on alert, ready to record a minor incident, the query that changes the mundane into something extraordinary. What is always there is that which demands more attention so that it may be returned to its peculiarity. Hence invention is more important in its sense of discovery and realization than imagination alone, if it doesn't have the will to crystallize into a new reality. Precisely while on the subway I discovered a passage by Ramón y Cajal[6] that illustrates its meaning: 'Even the so called casual discoveries – he says, is commonly caused by some *leitmotif* that experience hasn't sanctioned but that has, however, the power to take us into a territory little or never explored.' In fact, because I was so worried about writing this poetics, the text came to me as a response to what I was looking for: 'If I may be forgiven a mundane simile, I would say that these materials are like people we know, who appear in the street among the many passers-by at the very instant we think of them, for the very simple reason that, when we don't they walk past without our noticing their presence.' This brings us to the very controversial topic of inspiration. Clearly, it exists. There is a great difference between a work that is merely correct and an inspired one; but inspiration is not an a priori condition, nor bursts forth out of a vacuum. It is the manifestation that brings speculative act of any kind or nature. The direction of the search has to be in line with what produced the revelation. 'Study it, investigate it, says Stravinsky, and soon something obliges us to take it seriously.' Certainly Picasso maintained that he never looked for anything but that he found it. But in him vigilance was the natural state. We grant inspiration to art hence negating art's conscious and deliberate quality, and we deny it to science because there, emotion is not allowed. But the thrill of solving a problem, overcoming an obstacle, finding out a secret, deciphering a map, joining two pieces, laying down a law—all of these lead to the state of grace that is inspiration. But first we must arrange the problem, the obstacle, the secret, the map, the pieces or the premises on which the law will be founded. Therefore, what I try to teach in workshops are strategies to start producing material without having inspiration or the ingrained prejudice against the blank page. Writing engenders writing. Words, phrases have to be written first in order to be manipulated, tested, replaced and corrected, until they configure themselves into a text. The widespread affirmation must end that the work of art proceeds from beautiful landscapes, rare objects or exalted passions. It is known that excessive beauty is distracting to the concentration, exoticism bedazzles comprehension and unalloyed sentiment is numbing. Bécquer[7] confessed that when he felt, he didn't write, and even more: he distrusted the sincerity of a well-written love letter. And he is right. ☙

—Ana Rossetti, 2007
Translated from the Spanish by Robert Bray
Bloomington, January 2014

## NOTES

1. The dour and strict housekeeper in the *Heidi* novels (1880) by the Swiss writer Johanna Spyri. The characters became famous in Spain through a TV series of the same title.
2. José Bódalo Zúffoli (1916-1985), acclaimed Argentinian film and television actor and director who made his career in Spain.
3. *Historia del famoso predicador Fray Gerundio de Campazas* (1758, 1768), by José Francisco de Isla (1703-1781).
4. The story of the adulterous lovers is told in Canto 5 of the *Inferno*.
5. These fictive Spanish names are roughly equivalent to the English 'so and so.'
6. Santiago Ramón y Cajal (1852-1934), Spanish neuroscientist and Nobel laureate.
7. Gustavo Adolfo Bécquer (1836-1870), Spanish poet and critic.

# Los Devaneos de Erato /
# Erato's Pursuits (1980)[1]

1

# EL JARDÍN DE TUS DELICIAS

Flores, pedazos de tu cuerpo;
me reclamo su savia.
Aprieto entre mis labios
la lacerante verga del gladiolo.
Cosería limones a tu torso,
sus durísimas puntas en mis dedos
como altos pezones de muchacha.
Ya conoce mi lengua las más suaves estrías de tu oreja,
y es una caracola.
Ella sabe a tu leche adolescente,
y huele a tus muslos.
En mis muslos contengo los pétalos mojados
de las flores. Son flores pedazos de tu cuerpo.

# THE GARDEN OF YOUR DELIGHTS

Flowers, pieces of your body;
I reclaim their sap.
I clutch between my lips
the lacerating cock of the gladiolus.
I would sew lemons onto your torso,
their hardest tips in my fingers
like the perky nipples of a young woman.
My tongue knows the softest grooves of your ear,
and it is a conch.
It tastes of your adolescent milk,
and smells like your thighs.
In between my thighs I hold the wet petals
of the flowers. They are flowers, pieces of your body.

**2**

# A LA PUERTA DEL CABARET

*"Hubiera sido venturosísima amándole toda la vida."*
— Mariana Alcoforado

Así te me mostraron de repente:
el poderoso pecho, como el de un dios, desnudo,
mientras el oro entero, convocado en tu rostro, te nimbaba.
Me fui de aquel lugar,
tu imagen mis visiones presidiendo.
Día tras día te atribuí todo lo hermoso que encontré.
Mas nada igualó a tu luz primitiva
ni pudo superar al equívoco gesto,
tan femenina boca,
bello desdén del curvo labio. No, nada pudo.
Y ninguna invención que trajeron los días
mejoró aquel fugaz momento.

# AT THE CABARET'S DOOR

"I would have been most happy loving him my whole life."
— Mariana Alcoforado

They showed you like that suddenly:
the powerful chest, like that of a god, bare,
while the whole of the gold gathered in your face, brightened you.
I left that place,
your image over my visions presiding.
Day after day I attributed to you all the beauty I found.
But nothing equaled your own original light
nor could it supersede the ambiguous gesture,
such a feminine mouth,
beautiful disdain of the curved lip. No, nothing could have.
And no other invention that time brought
could have improved that fleeting moment.

# INCONFESIONES DE GILLES DE RAIS

*3*

"Se hallaba tendido en una chaisse-longue, y tenía en su
blanca mano una rosa sin perfume."
—Octave Mirbeau

Es tan adorable introducirme
en su lecho, y que mi mano viajera
descanse, entre sus piernas, descuidada,
y al desenvainar la columna tersa
– su cimera encarnada y jugosa
tendrá el sabor de las fresas, picante –
presenciar la inesperada expresión
de su anatomía que no sabe usar,
mostrarle el sonrosado engarce
al indeciso dedo, mientras en pérfidas
y precisas dosis se le administra
audacia. Es adorable pervertir
a un muchacho, extraerle del vientre
virginal esa rugiente ternura
tan parecida al estertor final
de un agonizante, que es imposible
no irlo matando mientras eyacula.

# UNCONFESSIONS OF GILLES DE RAIS

"He was reclining on a chaisse-longue, and he had in his
white hand a rose with no perfume."

—Octave Mirbeau

It is so adorable introducing myself
into his bed, and let my wandering hand
rest, in between his legs, carelessly,
and when he unsheathes the terse column
–its red and juicy top
will have the taste of strawberries, spicy–
seeing the unexpected expression
of his anatomy that he still doesn't know how to use,
showing the rosy setting
to the indecisive finger, while giving him audacity
in treacherous and precise doses.
It is adorable perverting
a boy, extracting from his virginal abdomen
that roaring tenderness
so similar to the final death rattle
of a dying man, that it is impossible
not to kill him while he ejaculates.

# 4

## MURMULLOS EN LA HABITACIÓN
## DE AL LADO

Duérmete sobre el liso vientre;
tu cabellera desplegada
por mi cintura resbalando.
Lluvia brillante, cobertura
espumosa sobre mi piel.
La punta de tus labios roza
el redondo estigma del suave
ombligo. Mi mano introduzco
hasta tu nuca, cual víboras
se enroscan rizos en mis dedos.

Duérmete sobre el liso vientre,
Gorgona seductora, lejos
de mis estupefactos ojos
apoyo tu mejilla. Siento
tu cara fría, como concha
aún mojada por algún llanto,
y el pensamiento de tus iris
flotantes sacude mis muslos.
Te lo ruego, las persuasivas
flores de tus párpados, ciérralas,
duérmete sobre mi liso vientre.

# MURMURS NEXT DOOR

Fall asleep on my smooth belly;
your messy hair
over my waist slipping.
Shiny rain, foamy
shelter over my skin.
The tip of your lips brushes
the round stigma of the soft
navel.  My hand finds its way
to your nape, like vipers
your curls coil around my fingers.

Fall asleep on my smooth belly,
seductress Gorgon, away
from my astonished eyes
I lay your cheek. I feel
your cold face, like a shell
still wet from a distant crying,
and the thought of your floating
iris shakes my thighs.
I beg you, persuasive
flowers of your eyelids, close them,
fall asleep on my smooth belly.

# 5

## A UN TRAJE DE PANA VERDE
## QUE POR AHÍ ANDA  PERTURBANDO
## A LOS MUCHACHOS

"Ningún hombre es dueño de su destino. Ninguna mujer
es dueña de su corazón."
—La Rochefoucauld

Deslumbrados los ojos, adornados de ti,
despertados de súbito, ¡oh, visión turbadora!
sujeta la mirada cual broche a tus vestidos,
la cabeza imantada al giro de tus pies,
adivino el temblor con que, torpes, mis manos
tus ropajes, rasgándolos de ti, separarían
de los hermosos miembros entrevistos apenas.
Mis ojos, a un banquete tan inesperado acudirían.
Nutriéndose de ti se inundarían de oro.
Mas la tela, al cubrirte, es igual a la cáscara
del fruto que no debo probar.
Y así, tal semejanza te convierte
en un irresistible y acuciante deseo.

# TO A GREEN CORDUROY SUIT
# THAT WANDERS AROUND
# PERTURBING THE BOYS

"No man owns his destiny. No woman owns her heart."
—La Rochefoucauld

Dazzled my eyes, adorned of you,
suddenly awakened, Oh, disturbing sight!
my gaze pinned like a broche to your dress,
my head magnetized at your feet's turn,
I anticipate the tremor with which, clumsily, my hands
would tear your clothes apart from you,
separating them from the barely hinted members.
My eyes would attend such an unexpected banquet.
Nourished by you they would be flooded with gold.
But the fabric, when it covers you, is like the peel
of the fruit I should not try.
And so, such a similarity transforms you
into an irresistible and yearning desire.

**6**

## A UN JOVEN CON ABANICO

Y qué encantadora es tu inexperiencia.
Tu mano torpe, fiel perseguidora
de una quemante gracia que adivinas
en el vaivén penoso del alegre antebrazo.
Alguien cose en tu sangre lentejuelas
para que atravieses
los redondos umbrales del placer
y ensayas a la vez desdén y seducción.
En el larvado gesto que aventuras
se dibuja tu madre, reclinada
en la gris balaustrada del recuerdo.
Y tus ojos, atentos al paciente
e inolvidable ejemplo, se entrecierran.
Y mientras, adorable
y peligrosamente, te desvías.

# TO A YOUNG MAN HOLDING A FAN

And how enchanting your inexperience is.
Your clumsy hand, loyal pursuer
of a burning grace hinted by
the laborious swinging of your happy forearm.
Somebody is threading sequences in your blood
for you to cross
the round thresholds of pleasure
and you attempt disdain and seduction at the same time.
In the latent gesture that you venture
your mother is revealed, reclined
over the grey railing of memory.
And your eyes, attentive to the patient
and unforgettable example, get half-closed.
While, adorably
and dangerously, you deviate.

# ONÁN

Tu cuerpo, desierto de ti,
ascéticos los ojos de tus fuentes abismales,
descubre sobre qué dureza se ceñirán tus manos.
Del placer, los cauces rotos, por tus miembros,
te aleccionan, en el violento quehacer
que te humedecerá el vientre,
manantial imposible a tus resecos labios.
Innumerables lenguas te recorren la carne
chupándote las sienes y enfriando tu espalda;
gasa de plata empapándote el vello.
La postrer sacudida echa atrás tu cabeza,
los párpados cerrados, el cuello en vano aguarda
ser cercenado de un ávido mordisco,
pues el deseo, ya, desciende por tus muslos.

# ONAN

Your body, deserted from you,
the ascetic eyes of your abysmal fountains,
discovers the kind of hardness your hands will cling to.
Of pleasure, the beds broken by your members,
teach you, on the violent task
that will moisten your belly,
impossible fountainhead for your parched lips.
Countless tongues scour over your flesh
nibbling your temples and chilling your back;
silver gauze soaking your hair.
The last jerk takes your head back,
your eyes closed, the neck in vain awaiting
to be severed by an eager bite,
because desire is already descending to your thighs.

# 8

## LOS JADEOS DE LELIA[2]

"Y ningún hombre hay para lo que espero."

—María Callas

De quién es, de quién esa serpiente
que por mi espalda sube,
de quién los dedos
que geométricos hilan jardines en mi piel.
Tus dedos... Oh, tus dedos
– de libélulas, enjambres por mi falda –
hasta que palidezcan sean mordidos;
tu sabor en mi boca se aventure
y en mi lengua se asiente.
Tus dedos... Oh, tus dedos
– de mis collares cómplices –
finjan en mi garganta asesinatos;
mi pelo, con su lluvia madreselva,
gozoso, de fragancia, los salpique.
Oh, tus dedos, corpúsculos rosados,
poros estremecidos, dime dónde,
dónde el helecho enreda su voluta,
en qué raro lugar acecha la respuesta
de mi sangre sellada.
Soy sauce agazapado, con las rodillas tensas,
con las manos crispándose en mis muslos,
intacto el rostro, el labio, mis ojos descifrando
del cielo los relieves, las estrellas.
Tus dedos... Oh, tus dedos,
falta una mariposa, un quemante aleteo
emboscado en mi piel, élitros faltan.
Rebusco en mi joyero los ojos extraviados
y aliento cimbreante, y la adiestrada mueca
de ansiedad, y escondiendo mi hastío,
mi fracaso, acreciento tu triunfo.
De quién es, de quién esa serpiente
que sube por mi espalda...
                              ...acaso tu lengua.

# LELIA'S PANTING[2]

"And there is no man for what I desire."

—Maria Callas

Whose is it, whose the serpent
climbing up my back,
Whose the fingers
that geometrically spin gardens on my skin.
Your fingers... Oh, your fingers
−a swarm of dragonflies up my skirt−
they would be bitten until they turn pale;
your taste in my mouth would wander
and in my tongue would settled.
Your fingers...Oh, your fingers
−accomplices of my necklaces−
pretend murder on my throat;
my hair of honeysuckle rain,
joyful, with fragrance would splash them.
Oh, your fingers, rosy corpuscles,
trembling pores, tell me where,
where the fern entangles its volute,
in what uncommon place lurks the answer
to my sealed blood.
I am a hidden willow, with tight knees
with hands cramping on my thighs,
the face intact, the lip, my eyes decoding
from the sky the relief, the stars.
Your fingers... Oh, your fingers,
a butterfly is missing, a burning flutter
ambushed in my skin, elytra are missing.
I search in my jewelry box for the mislaid eyes
and the swishing breath and the trained grimace
of anxiety, and by hiding my boredom,
my failure, I increase your triumph.
Whose is it, whose that serpent
climbing up my back...
                    ...perhaps your tongue.

Dióscuros / The Dioscuri (1982)[3]

# INCITACIÓN

Escapémonos, huyamos a los cómplices
días de la niñez. Perdámonos inermes
por los intensos vértigos de la piel insabida.
Confundidos, al no encontrar los nombres
para tanto esplendor, inventaremos fórmulas
de un idioma secreto: como antes.
Extraviémonos por la gran pesadilla
de la noche. En los negros pasillos
del horror insistamos hasta que el fiel desmayo
– dobladas las rodillas – nos socorra.
Ven. Miremos por toda bocallave
que encierre algo prohibido,
gravemente matemos mariposas vidriadas,
pisoteemos seda, desgarremos la gasa
que nubla las magnolias,
y la desobediencia sea privilegio nuestro.

# INCITEMENT

Let's escape, let's flee to the complicit
days of our youth. Let's get ourselves lost
into the intense vertigo of the untasted skin.
Confused, when we cannot name so much
splendor, we will invent formulas
for a secret language: like before.
Let's wander through the great nightmare
of the night. In the black hallways
of horror let's insist until the faithful fainting
– the knees bent – saves us.
Come. Let's look through every keyhole
containing a forbidden something,
let's seriously kill glazed butterflies,
let's trample silk, let's tear the gauze
that shrouds the magnolia,
and let disobedience be our privilege.

# 10

## DOS

Se abrió el baúl de sándalo.
Sobre el agua amatista del moaré
y el Richelieu frondoso
de las albas ya ajadas nos tendimos.
En el libro aguardaba el mórbido episodio
de las orquídeas malvas; las catleyas.
Y mientras yo leía, cuidando que mi voz
no se alterara
la fragante penumbra del lento carruaje
nos invadía oscilando.
Por el pequeño escote de mi núbil camisa
se asomaban las flores; solícitos sus dedos
las celaban. Yo era Odette.
Acuciaba en mi vientre tan persistente aviso...
No obstante,
también aquella tarde, pude seguir leyendo.

# TWO

The sandalwood trunk was opened.
On the amethyst water of the moiré
and the lush Richelieu
of the shaby albs we laid down.
In the book, the morbid episode of
the mauve orchids was awaiting; the cattleyas.
And while I was reading, making sure my voice
would not flutter,
the oscillating fragrant penumbra of the slow carriage
was overtaking us.
Through the small neckline of my nubile shirt
the flowers were showing; his solicitous fingers
were watching over them.  I was Odette.
Urging in my womb such persistent warning...
Nevertheless,
all that afternoon, I kept on reading.

## CUATRO

Y como Louis comiera de la fruta robada,
los labios rodeando la honda mordedura
de la niña, de súbito ella piensa
en el verde brocado que forra la hornacina
—acuáticos parecen los acantos—
y un niño y una niña de mármol que se abrazan,
las cabezas muy juntas. Su rostro se ha incendiado
tan violenta inquietud. Ella cree que es temor
por el hurto. No delicia ante el beso
                                    que recuerda.

# FOUR

And as Louis would have eaten from the stolen fruit,
his lips enclosing the deep bite
of the girl, suddenly she thinks
about the green brocade lining the niche
—with aquatic looking acanthus—
and the marble boy and girl embracing,
the heads very close together. Her face gets ignited
such a violent unease. She thinks that is fear
for theft. No delight from the kiss
                              she remembers.

# NUEVE

No juegas ya conmigo, tan orgulloso estás
que más allá de ti no necesitas nada.
Te observas incesante, sin embargo
te olvidas de que yo te soy tan parecida
que te describiría con la fidelidad
de un espejo: tan semejante a ti
que hasta podrías amarme sin temor a excederte.
Pero, si en desdeñarme persistes obstinado,
no importa, esperaré.
Mientras enhebro cintas de dulce terciopelo
en el blanco entredós de una tira bordada
o anchas randas de encaje infatigable labro,
atisbando estaré el menor de tus gestos.
Tan preciso lo retendré en mi rostro,
tan exacto, que pasado algún tiempo,
cuando la edad viril, arrasándote
tras derruir la seda delicada
exija tus mejillas para sus arrayanes,
tu pecho como un muro para enredar su hiedra,
no tendrás más remedio que mirarme.
Y te verás en mí, adolescente, inmóvil
durante muchos años todavía.

# NINE

You don't play with me anymore, you are so proud
that you don't need anything beyond yourself.
You observe yourself incessantly, nevertheless
you forget that we are so alike
that I could describe you with the fidelity
of a mirror: so similar to you
that you could even love me without the fear of going too far.
But, if willful you persist in dismissing me,
it doesn't matter, I shall wait.
While I thread ribbons of sweet velvet
in the white insert of an embroidery ribbon
or work with wide trimmings of infatigable lace
I would watch for the slightest of your gestures.
So precisely I would retain it on my face,
so exact, that when some time shall pass,
when adulthood, devastates you
after demolishing the delicate silk
would demand your cheeks for its myrtles,
your chest, like a wall for its ivy to get entangled,
you will have no other choice but to look at me.
And you will see yourself in me, adolescent, motionless
for many years to come.

# Indicios vehementes / Vehement Signs (1985)[4]

# 13

## AHORA

"Espero nunca, nunca querer tanto a nadie."
—Lainie Mead

Ir apagando, sí, apagando
una por una todas las luciérnagas,
todas las joyas
que tan graciosamente bailan ante el cristal,
innúmeras y ardientes como mundos.
Ir apagando, sí, apagando
cada átomo de la tarde incendiada
mientras el ámbar sucumbe en el alféizar.
Dentro de unos instantes se morirán los días
y el indeciso tul cuya araña columpia
se detendrá, inmóvil, en su vértice,
labor abandonada tensa aún en el aro
del bastidor celoso.
Y cesará la rama de estriarme la luz,
entrecortadamente,
en tanto finge nieve levemente rosada
o lanza al aire pájaros como naipes de seda.
No. Los pájaros no podrán salir ya
de tan frondosa cárcel, de pronto enmudecida
su porfía.
Pues será la ventana iluminada estampa
en una cartulina fijada para siempre.
Y mi amor una carta en su sobre amarillo.
Y mi desolación como un guante extraviado
que ya no importa más, puesto que el mundo acaba.
Dentro de unos instantes y todo estará muerto.
Dentro de unos instantes.
Sólo el tiempo preciso para ajustarme al cuello
esta cuerda anudada y saltar de la silla.

# NOW

"I hope I will never, ever want anybody that much."

—Lainie Mead

Turning off, yes, off
one by one all the fireflies,
all the jewels that so graciously
dance before the glass,
countless and burning like worlds.
Turning off, yes, off
each atom of the fiery afternoon
while the amber succumbs in the windowsill.
In a moment, the days will die
and the indecisive tulle whose spider swings
will stop, motionless, on its vertex,
the abandoned needlework still tight in the hoop
of the protective frame.
And the branch will stop grooving the light,
falteringly,
pretending to be snow with a light touch of rose
or launching birds into the air like silky cards.
No. The birds will no longer be able to get out of
such a leafy jail, their persistence
suddenly muted.
Because the illuminated window will be an imprint
in its pasteboard forever fixed.
And my love a letter in its yellow envelope.
And my desolation like a lost glove
that no longer matters because the world ends.
In a few moments everything will be dead.
In a few moments.
Just enough time to adjust this knotted rope
around my neck and jump from the chair.

# CHICO WRANGLER

Dulce corazón mío de súbito asaltado.
Todo por adorar más de lo permisible.
Todo porque un cigarro se asienta en una boca
y en sus jugosas sedas se humedece.
Porque una camiseta incitante señala,
de su pecho, el escudo durísimo,
y un vigoroso brazo de la mínima manga sobresale.
Todo porque unas piernas, unas perfectas piernas,
dentro del más ceñido pantalón, frente a mí se separan.
Se separan.

# WRANGLER BOY

Sweet heart of mine, suddenly assaulted.
All because I adored more than is permitted.
All because a cigarette sits in a mouth
and moistens in its juicy silks.
Because an inciting undershirt marks,
the hardest shield of its chest,
and a vigorous arm protrudes from the slight sleeve.
All because a pair of legs, a perfect pair of legs,
inside the tightest jeans, spread out in front of me.
They spread out.

**15**

## MI MARINERO EN TIERRA

*A Rafael Alberti*

Bruscamente en la puerta: la luz interrumpiendo,
adelgazándose, incandescente y afilado hilo,
trazo que te devuelve del marítimo azul;
y me adelanto, y sé que en dónde una escollera
más firme que tu pecho – de la bayeta débil
el bruno vello asoma –, dónde abismo que iguale
al que en tu boca acecha. Tensa cinta cruzando
la tostada mejilla, voz de tu apremio enmarca.
Y me adelanto. Y sé. Y me apresuro.
Y destreza suplícole a mis dedos,
tantos son los botones que tu pretina celan.

# MY SAILOR ON LAND
### *To Rafael Alberti*

Suddenly at the door: the light interrupts,
sliming down, incandescent and sharp thread,
a line that brings you back from the maritime blue;
and I go ahead, and I know where in a breakwater
firmer than your chest – the dark hair showing
through the weak flannel –, where would it be the abyss
that equals the one lurking in your mouth. Tight ribbon across
the tanned cheek, frames the voice of your urgency.
And I go ahead. And I know. And I rush.
And I beg skill of my fingers,
so many are the buttons that your fly guards.

Aquellos duros antiguos /
Those Old Coins (1988)[5]

# TRES PESETAS[6]

La sesión del domingo a las tres de la tarde se llama "La infantil". Yo voy a la infantil del cine Almirante algunas veces. La entrada vale cinco pesetas. Prefiero las películas de espadachines o de los *Caballeros de la Tabla Redonda* a las de tiros, pero me gustó mucho *La Reina de Montana*.

Nunca aplaudo cuando viene la caballería ligera y me da mucha rabia cuando la gente empieza a armar escándalo y tirotear desde los asientos.

He pensado que los cines no deberían tener asientos en fila, sino que debía estar cada butaca metida en una garita de soldado, y así nadie molestaba a los demás. He pensado inventar un cine así, pero a lo mejor ya lo han inventado los americanos.

Me gusta mucho Jean Marais. Con unos leotardos burdeos, una camisa blanca de mi padre y el florete de la panoplia, me parezco al Caballero de Lagardère.

Me he subido al armario del cuarto del ventanal, a ver si podía atravesar la habitación colgándome de la lámpara, pero no alcanzaba.

El domingo pasado vi una de *Tarzán*. Vive solo en la selva como los ermitaños; pero él no piensa mirando a una calavera. Le pasan la mar de cosas. A mí me gusta la selva y no me dan miedo las serpientes. Yo cojo lagartijas y saltamontes y toda clase de bichos.

Creo que vivir en la selva es muy emocionante.

# THREE PESETAS[6]

Sundays' feature at three o'clock is called "the kids session." I go to the kids' session of the Almirante movie theater sometimes. The ticket costs five pesetas. I prefer swashbuckler movies or *Knights of the Round Table* to the shoot-'em-up ones, but I really liked *Cattle Queen of Montana.*

I never applaud when the cavalry comes and I get really angry when people start to make noise and shoot from their seats.

I have been thinking that movie theaters shouldn't have seats in rows, but each seat should be in a soldier's sentry so nobody bothers anyone else. I have been thinking that I should invent a movie theater like this but perhaps the Americans have already done it.

I love Jean Marais. With bordeaux leggings, my father's white shirt and the fleuret from the panoply, I look like the Gentleman of Lagardère.

I climbed to the top of the closet in the room with the big window to see if I could cross the room hanging from the lamp, but I couldn't reach.

Last Sunday, I saw a *Tarzan* movie. He lives alone in the jungle like a hermit; but he doesn't mind looking at a skull. Lots of things happen to him. I like the jungle and I'm not afraid of snakes. I catch wall lizards and grasshoppers and all kinds of bugs.

I think living in the jungle is very exciting.

Apuntes de ciudades / City Notes (1990)

# CIUDAD CONQUISTADA

Hay ciudades que son como una tregua que nos concede el tiempo. Un paréntesis, a hurtadillas de los relojes habituales, en donde sólo existe el horario de trenes. Pero cuando además la ciudad significa rescatar los fragmentos de postales luminosas, inaugurar lugares al nombrarlos, desbrozar las estratagemas de la arquitectura, despeinar los abanicos de las fuentes, abatir los tapices de los parques, desclavar los cuchillos de los muros, destrenzar las líneas de autobuses, convidarse en cada escaparate, averiguar los escondrijos del lagarto entre el verdín, reconocer un rostro detrás de algún visillo y, a través de avenidas, perseguir unos pasos presurosos, entonces no es que sea la ciudad: es que eres tú. Porque me ayudas a descifrarla como si fuera el mapa de un tesoro, a interpretarla como una música, a celebrarla como una fiesta, a marcarla entre mis experiencias como un grabado, como un tatuaje. Por eso regresar es recordarte, es sentirte en un nombre de ciudad y sus sorpresas.

# CONQUERED CITY

Some cities are like a truce granted by time. A furtive parenthesis sneaking out from the usual watches where train-schedules rule. But when the city means rescuing fragments of illuminated postcards, inaugurating places as you name them, clearing off the stratagems of architecture, messing up the fountain's fans, bringing down the parks' tapestries, pulling out the knives from the walls, unbraiding the buses' lines, inviting yourself into each window shop, finding out the lizard's hideout in the moss, recognizing a face behind a curtain, and through the avenues, chasing those quick steps, then it is not the city: it is you. Because you help me to decipher it like a treasure's map, to interpret it like music, to celebrate it like a party, to mark it in my experiences like an engraving, like a tattoo. So, to come back is to remember you, is to feel you in the city's name and its surprises.

# CIUDAD TRANSFERIDA

La consigna era mencionar el azul salpicado del negro de los grajos y las gárgolas, la melena amarilla de un narciso refugiada entre dos poemas o el sobrecogedor llanto de Dido abandonada a su desolación. Y entonces tú, únicamente tú, entenderías el mensaje. Pero el código de claves que te di, olvídalo, ya no sirve. Y la ciudad que te asigné ya no es tuya. Quizá te parezca inconstante o ligera por ello, pero una de las condiciones para que sea eficaz una consigna es que, continuamente, hay que cambiarla.

# TRANSFERED CITY

The instruction was to mention the splattered blue on black of the rooks and gargoyles, the yellow mane of a narcissus sheltered in between two poems or the horrific crying of Dido abandoned to her own desolation. And then you, and only you, would understand the message. But the key code that I gave you, forget it, it is no good anymore. And the city that I have assigned to you, is not yours anymore. Perhaps you think I am flighty or fickle because of that, but one of the conditions for an instruction to be effective is that you have to constantly change it.

Yesterday / Yesterday (1998)[8]

# WHERE IS MY MAN?

Nunca te tengo tanto como cuando te busco
sabiendo de antemano que no puedo encontrarte.
Sólo entonces consiento estar enamorada.
Sólo entonces me pierdo en la esmaltada jungla
de coches o tiovivos, cafés abarrotados,
lunas de escaparates, laberintos de parques
o de espejos, pues corro tras de todo
lo que se te parece.
De continuo te acecho.
El alquitrán derrite su azabache.
Es la calle movible taracea
de camisas y niquis, sus colores comparo
con el azul celeste o el verde malaquita
que por tu pecho yo desabrochaba.
Deliciosa congoja si creo reconocerte
me hace desfallecer: toda mi piel nombrándote,
toda mi piel alerta, pendiente de mis ojos.
Indaga mi pupila, todo atisbo comprueba,
todo indicio que me conduzca a ti,
que te introduzca al ámbito donde sólo tu imagen
prevalece y te coincida y funda,
te acerque, te inaugure y para siempre estés.

# WHERE IS MY MAN?

I never have you as much as when I am looking for you
knowing beforehand that I cannot find you.
Only then do I let myself fall in love.
Only then do I get lost in the enameled jungle
of cars and carrousels, busy cafes,
shop windows, labyrinths of parks
or mirrors, because I run after everything
that resembles you.
I stalk you continuously.
The tar melts its jet amber.
The street is a movable marquetry
of shirts and polo-shirts, their colors I compare
with the sky blue or the malachite green
that I used to unbuttoned all over your chest.
Delicious grief if I think I recognize you
it makes me faint: all my skin calling you,
all my skin alert, depending on my eyes.
My pupil inquires, every glimpse verifying,
every indication that would trace me back to you,
that would introduce you to where only your image
prevails and coincides with you and finds you,
it would bring you near, inaugurate you and for always you would stay.

# WITHOUT YOU

Tan fácil olvidarte como que Abril no exista.
Tan fácil amainar,
en el panal de tul de los visillos,
la súbita fragancia de la noche
como atajar tu piel; como retrocederla
hasta el peldaño último del último recuerdo.
Sustraerme, tan fácil, de este anhelante gozo
al descubrir tu olor en el tabaco,
la pana, o la vainilla.
Aminorar, tan fácil, de la sangre el incendio.
Tan fácil olvidarte.
Tan fácil impedir que los magnolios nieven.

# WITHOUT YOU

So easy to forget you as if April did not exist.
So easy to subside,
in the beehive of the tulle sheers,
the night's sudden fragrance
as to intercept your skin; as to take it back
to the last step of the last memory.
To withdraw, so easy, from this longing delight
when I discover your smell in the tobacco,
the corduroy or the vanilla.
To reduce, so easy, the fire in the blood.
So easy to forget you.
So easy to prevent magnolia trees from snowing.

## CALVIN KLEIN, UNDERDRAWERS[9]

Fuera yo como nevada arena
alrededor de un lirio,
hoja de acanto, de tu vientre horma,
o flor de algodonero que en su nube ocultara
el más severo mármol Travertino.
Suave estuche de tela, moldura de caricias,
fuera yo, y en tu joven turgencia
me tensara.
Fuera yo tu cintura,
fuera el abismo oculto de tus ingles,
redondos capiteles para tus muslos fuera,
fuera yo, Calvin Klein.

# CALVIN KLEIN, UNDERDRAWERS⁹

Would that I were like snowy sand
surrounding a lily,
an acanthus leaf, molded to your belly
or a cotton flower that would hide in its cloud
the hardest Travertine marble.
Soft sheath of cloth, moulding of caresses,
would that I were, and around your young turgescence
I would make myself taut.
Would that I were your waist,
would that I were the hidden abyss of your groin,
round capitals for your thighs would that I were.
Would that I were, Calvin Klein.

**22**

## STRANGERS IN THE NIGHT

Cuando en la noche surge tu ventana,
el oro, taladrando los visillos,
introduce en mi alcoba tu presencia.
Me levanto e intento sorprenderte,
asistir al momento en que tu torso cruce
los cristales y la tibia camisa
sea a la silla lanzada.
Mi pupila se engarza en el encaje
y mis pies ya no atienden, de las losas, el frío.

# STRANGERS IN THE NIGHT

When in the night your window appears,
the gold, drilling your curtains,
introduces your presence into my bedroom.
I get up and try to surprise you,
to attend the moment when your torso would cross
the glass and the tepid shirt
would be thrown into the chair.
My pupil gets caught in the lace
and my feet do not notice, from the flagstone, the chill.

# I SAY A LITTLE PRAYER

23

¿Para quién esa música? ¿Para quién esas flores?
¿Para quién los brillantes pistilos de las llamas
desatan su arboleda temblorosa?
¿Para quién el mantel que adamascan las velas
sembrándolo de islas oscilantes?
¿Para quién las botellas se han ceñido
el celofán de hielo?
¿Para quién la otra copa?
Dime, por favor, ¿a quién esperas?
Como un cuchillo hiende la pálida porción
de dura mantequilla,
los últimos minutos adentran su saeta.
Seguros e inminentes van abriendo mi blusa
a un miedo ingobernable.
He cruzado los dedos y he cerrado los ojos
suplicando que el tiempo se detenga.
No puedo soportar la dicha que te aguarda.
No puedo soportar los celos que me temo.

1983-1988

# I SAY A LITTLE PRAYER

For whom that music? For whom those flowers?
For whom have the shiny pistils of the flames
unleashed their trembling grove?
For whom the tablecloth that the candles damask
sowing it with oscillating islands?
For whom have the bottles cling to
their icy cellophane?
For whom the other wine glass?
Tell me, please, who are you waiting for?
Like a knife cutting into the pale portion
of hard butter,
the last minutes insert their arrow.
Confident and imminent they open my blouse
to an ungovernable fear.
I have crossed my fingers and closed my eyes
praying for time to stop.
I cannot stand the joy that awaits you.
I cannot stand the jealousy I fear.

1983-1988

# Punto umbrío / Shadow Place (1995)[10]

# 24

Hubo un tiempo
tiempo de la invención y la torpeza,
en el que la soledad era un esplendoroso y pavoroso exilio, donde se
conspiraba contra la lección que no se quería aprender y se espiaba el
misterio que se quería arrebatar.
Era una gruta húmeda que enrejaba la luz de los helechos, era el rincón
de los castigos donde lágrimas larvadas entronizaban, al fin, su soberanía,
era la pesadilla que aleteaba acorralada en una alcoba irreconocible,
o un corazón agazapado en su escondite maquinando citarse con ven-
ganzas, rebeldías y secretos ilícitos.
Era un tiempo de infancia y la soledad prendía su bengala tras el es-
cudo impenetrable del silencio.
Y el punto umbrío donde se cobijaba sólo era un mágico amparo para
su terco y glorioso resplandor.

# I

There was a time
a time of invention and clumsiness,
when solitude was a magnificent and frightful exile, when we used to conspire against the lesson we didn't want to learn, and spy upon the mystery we wanted to seize.
It was a moist cavern grilling the light through the ferns, it was the punishment corner where larval tears enthroned, at last, their sovereignty, it was the cornered nightmare fluttering in an unrecognizable room, or a crouched heart in its hideaway plotting a date with vengeance, rebelliousness and illicit secrets.
It was a time of childhood, and solitude used to kindle its flare behind the impenetrable shield of silence.
And the shadow place where it used to take cover was only a magic shelter for its stubborn and glorious radiance.

# 25

Qué será ser tú.
Este es el enigma, la atracción sobrecogedora
de conocer, el irresistible afán de echar el ancla en ti, de poseerte.
Qué será la perplejidad de ser tú.
Qué, el misterio, la dolencia de ser tú y saber.
Qué, el estupor de ser tú, verdaderamente tú y, con tus ojos, verme.
Qué será percibir que yo te ame.
Qué será, siendo tú, oírmelo decir.
Qué, entonces, sentir lo que sentirías tú.

What will it be like to be you.
This is the enigma, the shocking drawing power
of knowing, the irresistible eagerness to cast anchor on you, to possess you.
What will be the perplexity of being you be like.
What, the mystery, the ailment of being you and knowing.
What, the astonishment of being you, truly you, and, with your eyes, seeing me.
What will it be like to sense that I love you.
What will it be, being you, hearing me say it.
What, then, to feel what you would feel.

# 26

Se traiciona a la desesperación si se pide auxilio:
*porque el que pide, espera.*
Se reniega de la soledad, manifestándola:
*Porque, lo que es expresado, se comparte.*
Se contradice el silencio, si se explica.
Y aun si no se explica:
*Porque, el silencio, si se le atiende, habla.*

We betray desperation when asking for help:
*Because those who ask, hope.*
We renounce loneliness by showing it:
*Because what we express, we share.*
We contradict silence, if we explain it.
And even if we don't explain it:
*Because silence, if we tend to it, speaks.*

Con la exactitud con que una araña desenreda su diana,
con el rigor con que tensa sus hilos y el eterno
presente que dilata su acecho, así discurre el tiempo
allá, en alguna parte.
Pero no siempre se puede posponer la captura.
A veces, los ojos devanan lo que ven y lo conducen
hasta centrarlo en el punto de mira, la emoción
empuja, se sitúa en los brocales del peligro y el
escalpelo de la revelación irradia su declaración
irrevocable.
A veces, sí, a veces, la memoria – más clara que la luna de Enero – avizora,
atrae, rescata y no consiente
que lo pasado pase.

## 27

With the precision that a spider detangles its target,
with the rigor by which it tightens the threads and the eternal
present that prolongs the hunting, this is how time flows
over there, somewhere.
But the capture cannot always be postponed.
Sometimes, the eyes wind what they see and they drive it
to the center of the spotlight, emotion
pushes, it places itself in the fringes of danger and the
scalpel of revelation irradiates its
irrevocable declaration.
Sometimes, yes, sometimes, memory—clearer than the January moon—watches,
attracts, rescues, and does not allow
the past to pass by.

# 28

Pero qué debo hacer.
Dónde estará el sosiego
cuando en mi corazón duran las sensaciones
inquietantes del mundo y no puedo ordenar
en un caleidoscopio
la fragmentada imagen del recuerdo.
Ni entre los atropellos de voces y rumores
ni en el retroceder hasta un tiempo anterior
de todos los reflejos que voy acumulando
encuentro algún lugar para la ciudadela
inmóvil del silencio.
Un desbrozado espacio
para asentar la nada.

But what should I do.
Where would the calm be
when my heart endures the troubling emotions
of the world and I cannot arrange
in a kaleidoscope
the fragmented image of memory.
Neither among the trampling voices and murmurs
nor in going back to an earlier time
of all the reflections that I have been gathering
I find a place for the still
citadel of silence.
A cleared space
for nothingness to settle.

# 29

Como si una linterna me arrancara de en medio de la noche,
así me descubriste, así me señalaste.
Así horadaste mis silencios escarpados y troquelaste las fronteras de mi isla.
Nombrándome me expones, me sitúas en el ojo de la diana.
No hay lugar para el ardid, no hay escondite.
Soy blanco paralizado, centro de tu voluntad, destino de tu atención y
tu advertencia.
¿A qué esperas?
No rehúyo la luz.
Hágase en mí lo que tu dardo indica.

As if a flashlight would rip me from the middle of the night,
like this you discovered me, like this you marked me.
Like this you drizzled my craggy silences and carved the frontiers of my island.
By naming me you expose me, you place me at the center of the bull's eye.
There is no place for the scheme, there is no hiding.
I am a paralyzed target, center of your volition, fate for your attention
and your warning.
What are you waiting for?
I don't reject the light.
Be it unto me according to thy dart.

# Llenar tu nombre /
# Filling Your Name (2008)

# LA PERCEPCIÓN

El texto que el sol le arranca al estanque,
quién lo recibe,
¿los ojos o la mente?
Cuál de ellos lee las indicaciones transmitidas.
Cuál de ellos inventa un nuevo código
o se obceca en la reverberación de sus deseos.
Cuál de ellos define el perímetro de la realidad
o lo enmaraña con su provisión de sensaciones.
Cuál de ellos lo traduce, lo entiende y lo posee.
Ojo y mente: una misma puerta por donde entra el mundo
para asistir a la insurrección de su visita,
para transformarse en sangre y en conciencia,
para constatar que el incendiado mensaje
fue entregado en su destino.

# PERCEPTION

The text that the sun steals out from the pond
Who receives it,
the eyes or the mind?
Which one reads the transmitted indications.
Which one invents a new code
or gets stubborn with the reverberation of its own desire.
Which one defines the perimeter of reality
or tangles it with its own provision of sensations.
Which one translates it, understands it, and owns it.
Eye and mind: One and the same door through which the world enters
to attend the insurrection of its own visit,
to transform itself into blood and consciousness,
to verify that the inflamed message
had reached its destination.

# LA PALABRA

Al igual que la vida,
discurres en un germen invisible
y a través de los seres, eres interminable.
Ancestral hilandera de nuestro acontecer:
el cabo que conduce,
el sedal que fascina,
el hilo que sutura,
la hebra que define el cuadrante
del hielo boreal,
y puntea el perfil de la noche
y el ojal de la magia,
persistentes, surgen de tu rueca.

# THE WORD

The same as life,
you flow by in an invisible germ
and through those beings, you are endless.
Ancient spinner of our everyday events:
the  cable that draws,
the fishing line that fascinates,
the thread that sutures,
the strand that defines the quadrant
of the boreal ice,
and stitches the night's profile
and the buttonhole of magic,
persistent, they emerge from your spinning wheel.

# EL CONCEPTO

Las lenguas son telares, entramados
que crean la estructura de las letras,
la estructura del pájaro y del bosque,
del volcán y la fruta, del glaciar y el desierto:
la estructura del mundo.
Se pronuncia, se concibe, se crea el mundo.
Se configura tu reino inextinguible,
el cielo de tu siempre nueva aurora,
la vibración que mide tu potencia,
y hace de lo narrado por los atlas
territorio existente, perceptible y concreto.

# THE CONCEPT

Languages are looms, lattices
that create the structure of the letters,
the structure of the bird and the forest,
of the volcano and the fruit, of the glacial and the desert:
The structure of the world.
We pronounce, conceive, create the world.
We would configure your inextinguishable kingdom,
the sky of your always new dawn,
the vibration that measures your might,
and makes what is told by the atlas
an existing territory, perceptible and real.

# FORMA

Las palabras por lo que por ellas mismas son.
Por cómo están escritas.
Por cómo suenan.
Contemplarlas.
Pronunciarlas.
Sin atender a su sentido.
Sin perderse por sus múltiples ideas.
Sin entrar en sus controvertidas significaciones.
Sin vincularlas a símbolos o recuerdos.
Vacías.
Íntegras.
Inscritas en el ahora eterno de la calma.
Soltar sus sílabas,
las ondas de sus sílabas
como pequeños mundos
traspasando el espacio,
y sentir el temblor
de un amoroso y vulnerado silbo.

# FORM

Words for what they are themselves.
For how they are written.
For how they sound.
Contemplating them.
Pronouncing them.
Without paying attention to their meaning.
Without getting lost in their multiple ideas.
Without entering into their controversial meanings.
Without binding them to symbols or memories.
Empty.
Trustworthy.
Inscribed in the eternal present of calm.
Unleashing their syllables,
the waves of their syllables
like little worlds
going through space,
and feeling the tremor
of a sensitive and loving whistle.

# LA PÁGINA

El aire
      que la página
      respira

                                  contornea
                        las letras como
                            un
                         litoral.

Las
      ondas
      del mar expanden
el perfil
de
islas
      remotas.             La
                   escritura es
          un archipiélago

          que se
        inter-
          cambia
        mapas.

# THE PAGE

The air
      that the page
      breaths

                                                  outlines
                                      the letters like
                                          a
                                      littoral.

The
      waves
      of the sea expand
the profile
of
remote
      islands.                  Writing
                            is
                an archipelago

              that
           inter-
              changes
           maps.

# CONFÍN

Se bucea una y otra vez
tras los restos del naufragio.
Y una y otra vez
se depositan las capturas
en la pulida lámina de la orilla.
¿Qué es lo que queda fuera?
¿La espuma que se desborda de las manos
o el océano denso del lenguaje?

# EDGE

We dive once and again
after the remnants of the shipwreck.
And once and again
we deposit our haul
on the polished sheet of the shore.
What is left out?
The sea foam that overflows our hands
or the dense ocean of language?

# INSPIRACIÓN

Horas y horas ensayando versos,
recitándotelos,
tratando de encontrar el cabo de la magia.
Acertar con la vara que vomita confetis
o una espiral de pólvora,
o el ramo de las flores artificiales
o el sable o la sombrilla.
Horas y horas ensayando versos
recitándotelos,
golpeando bastones en rocas o en chisteras
sin que la liebre salte.
No vale, para que funcione el truco,
cuantas veces se intente
ni las instrucciones aprendidas
ni el naipe en la manga
ni la destreza en el escamoteo;
y aunque es imprescindible tener fe,
no es garantía tampoco.

# INSPIRATION

Hours and hours rehearsing verses,
reciting them to you,
trying to find the magic thread.
To tap with the wand that spews out confetti
or a spiral of gunpowder
or the bouquet of artificial flowers
or the saber or the parasol.
Hours and hours rehearsing verses
reciting them to you,
beating batons on rocks or on top hats
without the rabbit jumping out.
It is not enough, for the trick to work,
how many times you try
nor the learned instructions
or the card up the sleeve
or the skill in swindling;
and even though it is imperative to have faith,
it is not a guarantee either.

# INMORTAL INVISIBLE[11]

## 1.3 CORRESPONDENCIAS

La escritura es una resurrección de lo ausente.

Otorga evidencia a lo que ya no es color ni forma ni cuerpo ni dicha ni infortunio.

Como el deseo, se funda en lo que no estando, es.

Como el deseo, se abre paso a lo que será.

Como una fotografía, inmoviliza su instante capturado, lo prolonga y corrobora su perdurable presencia.

Como una fotografía, reside en un tiempo donde el pasado y el futuro se visitan, se quiebran y se reparten sus porciones.

Quien lanza su botella a la corriente, tiene la certeza del futuro que la rescatará.

Quien rompe el vidrio de lo ocurrido conoce y siente su sentir; abre su casa y da hospedaje a un presente remoto.

Y, al igual que el manantial profetiza los mares invisibles y se precipita en su búsqueda, es posible que lo dejado atrás haya percibido señales de lo venidero.

Por eso, como un tenaz arroyo, a pesar de los desiertos, las umbrías o los pedregales, la escritura de entonces se hizo cauce y caudal.

Por eso se abrió camino.

Por eso perseveró, hasta que sus riadas nos alcanzaron.


## 3.3. EMILY DICKINSON

En tu habitación. Día tras día, en tu minúscula habitación. Minúsculos poemas limándose, afinándose, haciéndose.

Arrancando las envolturas de las palabras.

Descarnando la verdad de los huesos.

Fielmente y con amoroso rigor,

balas certeras iban cargando el fusil de tu alma.

En la esquina, vigilante,

aguardaba a que lo tomasen y lo llevasen consigo.

A que algún nadie lo volviese contra sí

y disparase su munición imperecedera.

Día tras día, seguía blanco tu vestido de algodón,

seguían los lirios, blancos,

seguían blancas las paredes.

De esa ciega blancura, tan sólo el papel, quedaba eximido.

# IMMORTAL INVISIBLE[11]

## 1.3 CORRESPONDENCES

Writing is resurrecting what is absent.

It gives evidence to what is no longer color or form or body or fortune or mishap.

Like desire, it is grounded in the presence of the absent.

Like desire, it gives way to what it will be.

Like a photograph it freezes its captured moment, prolongs it, and confirms its everlasting presence.

Like a photograph it resides in a time where the past and the future visit each other, they fracture and parcel out their portions.

The one who throws the bottle in the surf, is certain of the future that will rescue it.

The one who breaks the glass of what happened knows and feels himself; opens up his home and hosts a remote present.

And, like the creek that anticipates the invisible sea and plunges into its pursuit; it is possible that what has been left behind would have perceived signs of what is to come.

Because of that, like a tenacious stream, in spite of the deserts, shadow places or rocky grounds, that first writing became the channel and the flow.

Because of that, it broke through.

Because of that, it persevered, until its floodwaters found us.


## 3.3. EMILY DICKINSON

In your room. Day after day, in your tiny room. Tiny poems were being polished, attuned, making themselves.

Tearing the wrappings from words.

Scraping truth from bones.

Faithfully and with loving rigor,

targeted bullets were loading the rifle of your soul.

At the corner, vigilant,

it was waiting for somebody to pick it up and take it with him.

So that nobody will turn it against himself

and will shoot its everlasting ammunition.

Day after day, your white cotton dress remained white,

the lilies remained, white,

the walls remained white.

From that blind whiteness, only the paper was spared.

# POESÍA

Tú no pones distancias.
Tú no estás por encima de las cosas.
Tú, lejos de elevarte sobre ellas,
las sumerges en ti, o quizá te inmersionas, no lo sé.
Lo cierto es que tú estás en las cosas,
fluyes, irradias, emanas
y a la par te disuelves:
no sigues un sendero paralelo a las cosas.
Incesante corriente,
pasión sin recinto establecido,
nota que prolonga en el valle
sus círculos de vibración y calma,
así transverbera tu energía
la sustancia de todos los secretos.

# POETRY

You don't set the distance.
You are not above all things.
You, far from elevating yourself over them,
immerse them in you, or perhaps you get immersed in them, I don't know.
The truth is that you reside in things,
flow, irradiate, exude
and dissolve yourself at the same time:
You don't follow a path parallel to things.
Incessant current,
passion without a definite enclosure,
note that prolongs in the valley
its circles of vibration and calm,
like this your energy transverberates
the substance of all secrets.

# ACLARACIÓN

La poesía dice: tú o yo. Pero no habla de ti o de mí.
Dice tú o yo, pero es tú y yo y él y ella
y todos y cada uno de nosotros,
pues en cada pronombre hay una suma.
Multitud de identidades se comprenden
en la aparente y apaciguadora singularidad.
La poesía dice, yo, tú, él, ella…
y a todos y a cada uno de nosotros nos designa
borrando los contornos de las almas.
Todos y cada uno
somos incluidos y explicados.
Todos somos a la vez ella, él, tú y yo.

# CLARIFICATION

Poetry says: you or I. But she doesn't talk about you or me.
She says you or I, but it is you and I and he and she
and everyone and each of us,
for in every pronoun there is a sum.
A multitude of identities understand each other
amongst the apparent and pacifying singularity.
Poetry says I, you, he, she...
and she designates everyone and each of us
by erasing the edges of our souls.
Everyone and each of us
are included and explained.
All of us are at the same time she, he, you and I.

# 40

## SÍNTESIS

Una imagen    vale más que mil palabras.
Una palabra    vale más que mil.
Un silencio    vale más.

# SYNTHESIS

| An image | is worth more than a thousand words. |
|----------|--------------------------------------|
| A word | is worth more than a thousand. |
| A silence | is worth more. |

# GRACIAS TE SEAN DADAS

Porque desbrozas tu belleza incesante
y la pones al alcance de los labios.
Porque asignas un nombre a cada sentimiento,
para que actúe su furia, su arrebato o su delicadeza.
Porque quitas las cortezas al dolor
y nos instruyes con sus entrañas conmovedoras.
Porque nos haces vibrar como la noche rebosando de
insectos
o nos sosiegas como el día en las horas doradas de la siesta.
Porque desbaratas todo lo aprendido
para que se revelen los enigmas.
Porque los movimientos más imperceptibles
son vehementes certezas.
Porque desovillando los laberintos del silencio
conduces hasta lo más hondo del corazón
lo más hondo de los corazones de los poetas.
Porque en ellos encontramos hermanos en la celebración
y refugio para los ardientes aguaceros de las lágrimas.
Porque jamás te impusiste, porque invitaste siempre,
porque nunca castigas si te olvidan o no te reconocen,
porque con sabia paciencia alisas los manteles,
vigilas el vino y aguardas a que un día, se haga festín de ti.
Por todo ello, gracias te sean dadas,
Poesía, señora nuestra.

# THANKS BE GIVEN TO YOU

Because you weed your incessant beauty
and you place it at a lips' reach.
Because you assign a name to every feeling
so its fury, fit or tenderness would act.
Because you take away the crust of pain
and instruct us with its poignant core.
Because you make us quiver like the night swollen with
insects
or you sooth us like the day during the golden napping afternoon hours.
Because you ruin everything learned
for the enigmas to be revealed.
Because the most subtle of the movements
becomes vehement certainty.
Because by unraveling the labyrinths of silence
you drive to the depth of the heart
the depth of the poets' hearts.
Because in them we find companionship in celebration
and refuge for the ardent downpour of tears.
Because you have never imposed yourself, because you have always invited,
because you never punish if you are forgotten or not appreciated,
because with wise patience you iron the tablecloths,
watch the wine and hope that one day, we would make a feast out of you.
For all this, thanks be given to you,
Poetry, our lady.

El mapa de la espera / The Map of Wait-
ing (2008, 2010)[12]

# EL MAPA DE LA ESPERA

*El mapa no es el territorio*
*—Alfred Korzybski*

El mar en los mapas son orlas que van desde el celeste claro al oscuro. Pero el que yo me imagino es como un cielo fruncido lleno de charcas de plata.

O una red de espuma cargada de verde.

O un camino de cobre temblando hasta el sol.

Hay muchos más colores. Multitud de navíos policromados lo cruzan en busca de extraños países. Son bajeles piratas, barcos mercantes, flotas pesqueras, elegantes cruceros o balsas aventureras que trazan nuevas cartas de navegación fuera de la vigilancia del faro y de los avisos de los guardacostas.

Dentro del mar hay ejércitos de peces como hojas planas de cuchillos, venas de coral, fortificaciones de rocas,

hilos de algas, medusas como paracaídas transparentes, flores como abanicos de seda, naufragios y sendas profundas sin explorar aún.

La extensión parda de los mapas es el desierto

y no la idea de su misterio ni de su majestad ni de sus falsos espejos ni de sus remolinos de estrellas pulverizadas ni de la fresca fiesta del pozo.

No están los rebaños de cabras ni las caravanas de los dromedarios balanceando su carga ni los tesoros de los yacimientos.

En los mapas no se ve lo que hay debajo de la tierra. Las vetas de sus años, las raíces, las madrigueras, las corrientes subterráneas de azabache líquido.

Tampoco en los mapas se ve el cielo. Pero en el que yo dibujo es un manto resplandeciente sobre oro amontonado.

Está surcado por rutas secretas que solo se muestran cuando el sol se va y la Osa Mayor hace brillar su brújula.

# THE MAP OF WAITING

*The map is not the territory.*
*—Alfred Korzybski*

On maps, the sea is a series of ornate fringes ranging in color from light blue to dark. But the one I imagine is like a furrowed sky full of silver ponds.

Or a web of spume loaded with green.

Or a road of copper trembling up to the sun.

There are many more colors. Hosts of polychrome vessels cross it in search of foreign countries. They are pirate ships, merchant boats, fishing fleets, elegant cruisers or adventurous rafts plotting new navigation charts beyond the vigilant lighthouse and the warnings of the Coastguard.

Inside the sea there are armies of fish like flat knife blades, veins of coral, rock fortifications,

threads of seaweed, jellyfish like transparent parachutes, flowers like silken fans, shipwrecks and deep paths yet to be explored.

The brown extension on maps is the desert

and gives no idea of its mystery nor its majesty nor its mirages, nor its swirls of pulverized stars nor of the fresh celebration of the well.

There are no herds of goats nor caravans of dromedaries balancing their cargo nor the treasure troves.

On maps we don't see what's underneath the earth. The veins of its years, the roots, the burrows, the underground streams of black liquid amber.

Neither do we see the sky on maps. But on the one I draw there is a shimmering cloak piled on gold.

It is grooved by secret routes that only show up when the sun sets and the Big Bear shines its compass.

La arena de noche es una sábana blanca y fría. En los mapas no hay noche.

En el mapa las ciudades, los pueblos y las aldeas son puntos negros de distintos tamaños.

Pero yo sé que significan mercados y bazares; animadas calles y plazas con fuentes; escuelas y cines y estadios y hospitales y tráfico de vehículos. Los colores rebosan en las aceras. De vez en cuando, se alza una torre muy alta desde donde un clamor desplegará su ovillo transparente hasta el lugar más recóndito del laberinto.

En los mapas no están los grifos que sacan agua de las paredes ni las aldabas que repican en los portones ni la escarcha en los cristales para poder escribir.

No están los escalones que crujen ni los ascensores que zumban.

Y muchísimo menos está la noche con las bombillas que deshacen lo oscuro y meten el día en la habitación.

En uno de esos puntos-ciudades está mi casa. Éste es mi cuarto. Mis libros, mis juguetes, el armario con mis vestidos Algún día iré allí.

Nunca he estado en el mapa que se marca constantemente en mi corazón. No he atravesado sus fronteras ni conozco las orillas de su playa. No he recorrido sus caminos ni he visitado sus ciudades ni me he hospedado en sus edificios.

Mientras, con lápiz rojo señalo el tapiz de los sueños. Lápiz negro para la caja donde guardo mis rutas. Lápiz verde para la hucha de la esperanza. El papel es blanco, porque lo tiene todo por decir.

Sé que algún día este dibujo de mi patria se convertirá en mi sitio, mi paisaje, mi dirección y mi hogar.

Entonces olvidaré los mapas para perderme en mi tierra con alegría. Entonces ya no será un mapa coloreado sino una realidad donde vivir.

Volveremos al Sáhara,
y nos recibirá en su regazo
y nuestro amor curará sus hondas heridas
y le daremos las gracias por habernos esperado siempre.

At night the sand is a white, cold sheet. On maps there is no night.

On maps cities, towns and villages are black points of various sizes.

But I know that they stand for markets and bazars; lively streets and plazas with fountains; schools and cinemas and stadiums and hospitals and traffic. Colors overflow the sidewalks. Now and then, a very high tower rises and a shout unravels its transparent ball to the remotest part of the labyrinth.

On maps there are no faucets on the walls for drawing water or knockers knocking at the gates nor frost on the windows for writing.

Nor creaking stair steps nor buzzing elevators.

And much less the night with light bulbs that break the darkness and bring day into the room.

In one of those city-points is my house. This is my room. My books, my toys, the closet with my clothes. I will go there some day.

I have never been on the map that is marked constantly in my heart. I haven't crossed its frontiers nor know the shores of its beach. I haven't travelled its roads nor visited its cities or stayed in its buildings.

Meanwhile, with red pencil I mark out the tapestry of dreams. Black pencil for the box where I keep my routes. Green pencil for the piggy-bank of hope. The paper is white because it has everything yet to say.

I know that some day this drawing of my country will become my place, my landscape, my address and my home.

Then I will forget about the maps so I can get lost happily in my land. Then it will no longer be a colorful map but a reality of living.

We shall return to the Sahara,
and it shall welcome us in its lap
and our love shall heal its deep wounds
and we shall give thanks for having waited always.

# Notes

❧⁂❧

1. *Los devaneos de Erato/Erato's Pursuits.* First published as *Devaneos de Erato* (Valencia: Editorial Prometeo, 1980) and later included in *Indicios vehementes. Poesía* 1979-1984. (Madrid: Hiperión, 1985). This collection received the second Gules poetry prize, sponsored by The City Council of Valencia.

2. "Los jadeos de Lelia" published in the section Otros poemas, included in *Indicios vehementes. Poesía* 1979-1984. (Madrid: Hiperión, 1985).

3. *Dióscuros / The Dioscuri,* published first with Jaramín (Málaga: Jaramín, cuadernos de poesía, 1982) with a cover designed by José Díaz Oliva, and a vignette by Pepe Aguileraand. These poems were later included in *Indicios vehementes. Poesía* 1979-1984. (Madrid: Hiperión, 1985).

4. *Indicios Vehementes / Vehement Signs* (1979-1984). First published by Hiperión as a collection of poetry, with a prologue-interview by Jesús Fernández Palacios. The book includes the following sections: 1) Los devaneos de Erato / Erato's Pursuits; 2) Otros poemas / Other Poems; 3) Dióscuros / The Dioscuri; 4) Indicios Vehementes / Vehement Signs, and 5) Sturm und Drang, with five poems amongst which are "Chico Wrangler" (14 in this anthology) and "Mi marinero en tierra" (15).

5. *Aquellos duros antiguos / Those Old Coins.* First published in the collection Cuadernos de Raquel (Málaga: Librería Anticuaria El Guadalhorce, 1987) and later included in *Pruebas de escritura* (Madrid: Hiperión, 1998). The Spanish word "duro" refers to the Spanish old coin with the value of five *pesetas* (the Spanish currency prior to the Euro).

"Aquellos duros antiguos..." is also the first line of a tango song by Tío de la Tiza performed at the famous Carnaval festivities in Cádiz, Spain.

6. "Tres pesetas" / "Three Pesetas." In the context of the collection, the title of this prose poem refers to the *peseta*, the Spanish currency prior to the Euro. The word "duro" (the coin that equals five pesetas) has a double meaning here referring to both the price of the movie ticket and the male movie stars of the 1940s and 1950s.

7. *Apuntes de ciudades / City Notes,* first published in 1990 (Málaga: Rafael Inglada/Plaza de la Marina, 1990), and later included in *Pruebas de escritura* (Madrid: Hiperión, 1998, 85-89) and *La ordenación. Retrospectiva 1980-2004.* Edición e introducción de Paul M. Viejo. (Sevilla: Fundación José Manuel Lara, 2004). This text was reprinted with silk-screen printings by Spanish painter Antonio Belmonte for the collection *Ovejas al lobo* published by Galería SEN in Madrid (November 1995).

8. *Yesterday / Yesterday.* First published by Torremozas in 1988 with a prologue by Pablo García Baena. This book contains 30 poems selected by the poet herself and divided into 6 sections: 1) devaneos; 2) indicios; 3) devocionarios; 4) advocaciones; 5) disperses, and 6) últimos.

9. The original poem was written over a Calvin Klein photograph and published, as an image, in the collection *Poemas autógrafos* (Círculo de Bellas Artes, Madrid: 1987). The written poem was first published in *Yesterday,* in the section "disperses." I consider this text to be one of Rossetti's signature poems.

10. *Punto umbrío / Shadow Place.* This collection opens with a quote by Saint Agustine: *"He hecho de mí un enigma a vuestros ojos. Ésta es mi trágica dolencia."* [I have made an enigma of myself before your eyes. This is my tragic ailment.] The 1995 Hiperión version has the first lines of the poems in capital letters per suggestion of the publisher. "Hubo un tiempo" is part one of a three-piece poem dealing with time.

11. "Inmortal invisible" is a poem in three parts: 1.3 "Correspondences"; 2.3 "Gerard Manley Hopkins," and 3.3 "Emily Dickinson." Poem 3.3 echoes the imagery of Dickinson's poem "My Life had stood−a Loaded Gun−/In Corners−till a Day/The Owner passed -identified−/And carried Me away-" I consider "Immortal Invisible" to be a summary of Rossetti's own poetics.

12. This prose poem was first published with illustrations by Estefanía García (Madrid: Centro de Editores, 2008) and in *ARTifariti* 2008: *II Encuentros internacionales de arte en territorios liberados del Sáhara Occidental.* (Carlos de Gredos, coord. Sevilla y El Aaiún:

Asociación de Amigos del Pueblo Saharahui de Sevilla, Ministerio de Cultura de la República Árabe Saharahui Democrática, 2009). The 2010 Polibea edition contains illustrations by Elena González and a prologue by Juan Velasco Moreno. For this anthology, I followed the format of the Polibea edition. This book opens with a poem about a bubisher, the Saharaui bird of good news:

> ¡Bubisher! ¡Bubisher!
> Pájaro de las buenas noticias,
> ¡pósate en mi jaima!
> ¡dime que la espera ha terminado!
> ¡dime que ya es tiempo de regresar!
>
> ༝ ༝ ༝
>
> ¡Bubisher! ¡Bubisher!
> Bird of good news,
> alight on my *jaima*\*!
> Tell me that the wait is over!
> Tell me that it's time to go home!

\* The traditional tent used by the nomadic peoples of the desert.

# Selected Bibliography
# by and about Ana Rossetti

❧ ⤜❧⤛ ❧

All sources are printed unless otherwise noted.

POETRY
*Los devaneos de Erato*. Valencia: Prometeo, 1980.

*Dióscuros*. Málaga: Jaramín, 1982.

*Indicios vehementes*. Madrid: Hiperión, 1985.

*Yesterday*. Madrid: Torremozas, 1988.

*Devocionario: poesía íntima*. Madrid: Visor, 1986.

*Punto umbrío*. Madrid: Hiperión, 1995.

*Pruebas de escritura*. Colección Dicho y Hecho. Madrid Hiperión, 1998.

*La ordenación: retrospectiva (1980-2004)*. Ed. Paul M. Viejo. Sevilla: Fundación José Manuel Lara, 2004. Print

*Poética y poesía: Ana Rossetti*. Ed. Antonio Gallego. Madrid: Fundación Juan March, 2007.

*Llenar tu nombre*. Madrid: Bartleby Editores, 2008.

*El mapa de la espera*. Madrid: Polibea, 2010.

PLAQUETTES AND OTHER PUBLICATIONS
*Apuntes de ciudades*. Málaga: Plaza 24 de Marina, 1990.

*Aquellos duros antiguos*. Málaga: Publicaciones de la Librería Anticuaria El Guadalhorce, 1987.

*Asedios*. Chile: Universidad de Concepción, 1999.

"Calvin Klein: Underdrawers" *Poemas autógrafos*. Madrid: Círculo de Bellas Artes, 1987.

*Ciudad irrenunciable.* Montilla: Aula Poética Inca Garcilaso, 1998.

*Hasta mañana, Elena.* Zaragoza: Cuadernos de Aretusa, 1990.

*Imago Pasionis.* Palacio Municipal San Fernando, March 1990. 16-31.

*La nota del blues.* Málaga: Rafael Inglada, 1996.

*Misterios de pasión.* Málaga: Diputación Provincial, 1985.

*Pasión y martirio de la devota de San Francisco de Catania (en el siglo, Franco Battiato),* Málaga: Cuadernos del Camaleón, 1987.

*Poemas, Lettre Internacionale* 17 (1992)

*Poemas. Zarza Rosa:* Revista de Poesía 7 (1986): 43-48.

*Poemas. Pagine, Quadrimestrale di poesia,* (January-April 1991): 15-18.

*Poemas.* Badajoz: Aula Enrique Díez-Canedo, 1995.

*Poemas. Prometeo: Revista Latinoamericana de Poesía* 45 (1996).

*Poemas. Prometeo: Revista Latinoamericana de Poesía* 57-58 (2000).

*Poemas autógrafos.* Madrid: Círculo de Bellas Artes, 1987.

*Pruebas de escritura.* Madrid: Hiperión 1998.

*Quinteto.* Madrid: Collection of Octavio Cólis and Francisco Cumplián, 1989.

*Virgo potens.* Valladolid: El Gato Gris, 1999.

"Where is my man?" *Mujeres y café.* Ed. Luzmaría Jiménez Faro. Madrid: Torremozas, 1995.

TRANSLATIONS

*Hubo un tiempo... There was a time... Antología selecta de la obra poética de Ana Rossetti.* Eds. Yolanda Rosas and Teresa Rozo-Moorhouse. Irvine, CA.: Ediciones Latidos, 1997.

"Imago passionis e alter poesie" Ed. Maria Grazia Profeti. Firenze: Casa Editrice de Lettere, 1994.

*Tulips. Ten poems of Ana Rossetti.* Trans. Nancy Dale Nieman and Susan Suntree. Santa Cruz, CA: Exiled-in-America Press, 1990.

*Poemas. Luz en Arte y Literatura. Revista bilingüe.* Tarzana, CA: Luz Bilingual Publishing, 1993.

# SELECTED BOOKS AND ARTICLES ABOUT ANA ROSSETTI

Bermúdez, Silvia. "'Confessing My Love to You': St. Augustine and the Inevitability of Writing in *Punto Umbrío.*" *P/Herversions: Critical Studies of Ana Rossetti.* Ed. Jill Robins. Lewisburg, PA: Bucknell UP, 2004. 133-145.

Bianchi, Marina. "La poética independiente de Ana Rossetti". José Jurado Morales, ed. *La poesía iba en serio. La escritura de Ana Rossetti.* Madrid: Visor, 2013. 25-67.

Butterman, Steve. "I Can See Clearly Now, the Reign is Gone: The Path to Liberation and Homoerotic Themes in Pureza Canelo, Andrea Luca and Ana Rossetti." *Rocky Mountain Review* (Fall 2001): 49-66.

Castro, Elena. "Apuntes de ciudades: Ana Rossetti y la visión femenina del espacio urbano." *Nueva Literatura Hispánica* 11 (2007):141-158.

Debicki, Andrew P. "Intertextuality and Subversion: Poems by Ana Rossetti and Amparo Amorós." *Studies in Twentieth Century Literature* 17.2 (1993): 173-180.

Demeuse, Sarah. "'Ponte aquí al lado': Ekphrasis and Deception in Ana Rossetti's and José Duarte's *Simparidades.*" *Cultural Critique* 72 (2009): 203-224.

Escaja, Tina. "Ana Rossetti, poeta mutante: Indicios de una trayectoria poética." *Alaluz: Revista de Poesía, Narración y Ensayo* 27.1 (1995): 27-34.

---. "Liturgia del deseo en el *Devocionario* de Ana Rossetti." Letras Peninsulares 8.3 (1995): 453-470.

---. "Ludismo y culto al miedoen el Devocionario de Ana Rossetti." José Jurado Morales, ed. La poesía iba en serio: la escritura de Ana Rossettti. Madrid: Visor Libros, 2013. 191-212.

---. "'Muerte de los primogénitos': Ana Rossetti y la estética del SIDA." *Revista Hispánica Moderna* 53.1 (2000): 229-241.

---. "Transgresión poética, transgresión erótica: Sobre los ángeles terrenales en el *Devocionario* de Ana Rossetti." *Anales de la Literatura Española Contemporánea* 20.1-2 (1995): 85-100.

Fajardo, Salvador. "Ana Rossetti: The Word Made Flesh." *Letras Femeninas* 25.1-2 (1999): 137-154.

Ferradáns, Carmela. "Reflections on a Woman's Eye: Ana Rossetti on the Wrappings of Desire." *P/Herversions: Critical Studies of Ana Rossetti.* Lewisburg, PA: Bucknell UP, 2004. 223-239.

---. "De seducción, perfume y ropa interior: Poesía y publicidad en la España contemporánea." *Anales de la Literatura Española Contemporánea* 26.2 (2001): 95-113.

---. "La (r)evelación de significante: Erótica textual y retórica barroca en 'Calvin Klein, Underdrawers' de Ana Rossetti" *Monographic Review/Revista Monográfica* 6 (1990): 183-191. .

---. "La seducción de la Mirada: Manuel Vázquez Montalbán y Ana Rossetti," *Revista Canadiense de Estudios Hispánicos* 22.1 (1997): 19-31.

García Martín, José Luis. "Las devociones de Ana Rossetti," *La poesía figurativa. Crónica parcial de quince años de poesía española.* Sevilla: Renacimiento, 1992.

Geist, Anthony L. "Las inversiones del discurso: Ana Rossetti y Luis García Montero." *Sexualidad y escritura* (1850-2000). Barcelona, Spain: Anthropos, 2002. 270-280.

Jurado Morales, José. ed. *La poesía iba en serio: la escritura de Ana Rossetti.* Madrid: Visor Libros, 2013.

Kruger-Robbins, Jill. "Poetry and Film in Postmodern Spain: The Case of Pedro Almodóvar and Ana Rossetti." *Anales de la Literatura Española Contemporánea* 22.1 (1997): 7.

LaFollette, Martha. "Writing the Book of Life: Ana Rossetti's *Punto Umbrío." Contemporary Spanish Poetry: The Word and the World.* 143-165. Madison, NJ: Fairleigh Dickinson UP, 2005.

Levine, Linda Gould. "The Female Body as Palimpsest in the Works of Carmen Gómez-Ojea, Paloma Díaz-Mas, and Ana Rossetti." *Indiana Journal of Hispanic Literatures* 2.1 (1993): 181-206.

Luján Martínez, Eugenio Ramón. "*Los Devaneos de Erato:* El mundo clásico de Ana Rossetti." *Epos: Revista de Filología* 13 (1997): 77-88.

Makris, Mary. "Mass Media and The 'New' Ekphrasis: Ana Rossetti's 'Chico Wrangler' And 'Calvin Klein, Underdrawers'." *Journal Of Interdisciplinary Literary Studies* 5.2 (1993): 237-249.

---. "Pop Music and Poetry: Ana Rossetti's Yesterday." *Revista de Estudios Hispánicos* 29.2 (1995): 279-296.

Martínez-Carbajo, Paloma. "Marginalidad canónica: Ana Rossetti y su (re)interpretación de la 'Lesbia' de Cátulo." *Céfiro* 8.1-2 (2008): 6-20.

Miller, Martha LaFollette. "Ana Rossetti and the Wilde Connection: Disturbing Gender Polarity." *RLA: Romance Languages Annual* 8 (1996): 576-581.

---. "The Fall from Eden: Desire and Death in The Poetry of Ana Rossetti." *Revista de Estudios Hispánicos* 29.2 (1995): 259-277.

Mudrovic, W. Michael. "Un ménage-á-trois inesperado: Lou Andres Salomé, Nietzsche y Ana Rossetti." *Explicación de Textos Literarios* 32.1-2 (2003): 143-154.

Nantell, Judith. "Writing Her Self: Ana Rossetti's 'Anatomía del Beso'." *Anales de la Literatura Española Contemporánea* 22.2 (1997): 196.

Newton, Candelas. "Retales y retórica: Jugando a las prendas con Ana Rossetti." *RLA: Romance Languages Annual* 8 (1996): 615-620.

Persin, Margaret H. "The Passionate Vision of Ana Rossetti." *P/Herversions: Critical Studies of Ana Rossetti.* Lewisburg, PA: Bucknell UP, 2004. 240-257.

Robbins, Jill. "Andalucía, el travestismo y la mujer fálica: Plumas de España, De Ana Rossetti." *Lectora: Revista De Dones I Textualitat* 15 (2009): 135-158.

---. *P/Herversions: Critical Studies Of Ana Rossetti.* Lewisburg, PA: Bucknell UP, 2004.

---. "Seduction, Simulation, Transgression and Taboo: Eroticism in The Work of Ana Rossetti." *Hispanófila* 128 (2000): 49-65.

Rosas, Yolanda, and Hilde Cramsie. "La apropiación del lenguaje y la desmitificación de los códigos sexuales de la cultura en la poesía de Ana Rossetti." *Explicacion de Textos Literarios* 20.1 (1991): 1-12.

---. "Ana Rossetti: Novísima poesía, I: La afirmación del 'Yo' lírico y la conquista de su identidad; II: La destrucción de los códigos sexuales patriarcales." *Literatura femenina contemporánea de España.* Westminster, CA: Inst. Literario y Cultural Hispánico, 1991. 189-207.

Sabadell Nieto, Joana. "Ana Rossetti: Calvin Klein, Underdrawers." Cien años de poesía: 72 poemas españoles del siglo XX: *Estructuras poéticas y pautas críticas.* 715-722. Bern, Switzerland: Peter Lang, 2001.

Sánchez Dueñas, Blas. "De Venus a Eros. Ana Rossetti: renovación y ruptura lírica con las poetas del 50. José Jurado Morales, ed. *La poesía iba en serio: la escritura de Ana Rossetti.* Madrid: Visor Libros, 2013. 145-167.

Saldarriaga, Patricia. "'Hágase en mí lo que tu dardo indica': Punto Umbrío de Ana Rossetti y la transverberación teresiana." *RLA: Romance Languages Annual* 12.(2001): 350-355.

Sarabia, Rosa. "Ana Rossetti y el placer de la mirada." *Revista Canadiense de Estudios Hispánicos* 20.2 (1996): 341-359.

Servodidio, Mirella. "Ana Rossetti's Double-Voiced Discourse Of Desire." *Revista Hispánica Moderna* 45.2 (1992): 318-327.

Soler Gallo, Miguel. "Escribir por encargo: *Metiras de papel,* la novela rosa de Ana      Rossetti." José Jurado Morales, ed. *La poesía iba en serio: la escritura de Ana Rossettti.* Madrid: Visor Libros, 2013. 327-345.

Ugalde, Sharon Keefe. "Erotismo y revisionismo en la poesía de Ana Rossetti." *Siglo XX/ 20th Century* 7 1-2 (1989-1990): 24-28.

---. "Subversión y revisionism en la poesía de Ana Rossetti, Concha García, Juana Castro y Andrea Luca." Biruté Ciplijauskaité, ed. *Novísimos, postnovísimos, clásicos: Poesía de los años 80 en España.* Madrid: Orígenes, 1991. 117-39.

Wilcox, John C. "Ana Rossetti's Dióscuros: Twin Voices For Two Selves." *P/Herversions: Critical Studies of Ana Rossetti.* 100-119. Lewisburg, PA: Bucknell UP, 2004.

Wili, Ruth, and José Manuel López de Abiada. "Ana Rossetti: Chico Wrangler." *Seis siglos de poesía española escrita por mujeres: Pautas poéticas y revisiones críticas.* Bern, Switzerland: Peter Lang, 2007. 429-438.

Zubiaurre, Maite. "About Diurnal Tales and Nocturnal Stories: Ana Rossetti's Erotic Fiction." *P/Herversions: Critical Studies of Ana Rossetti.* Lewisburg, PA: Bucknell UP, 2004. 183-202.

# About the Poet

A NA ROSSETTI (San Fernando, Cádiz, 1950) is one of the most notable voices in contemporary Spanish literature. She began her literary career in the late seventies, soon after dictator Francisco Franco's death in 1975. As a writer, Rossetti started collaborating with independent theater groups in Madrid, and it is this theatrical quality that has continued to permeate her poetic discourse until today. With her first prize-winning poetry collection published in 1980, she became prominent among the many women poets who used the lifting of censorship to produce a fresh, often daring, body of poetry. She has been anthologized in all major contemporary Spanish poetry volumes and she is a familiar face in poetry workshops in Spain and in the United States. The winner of several national literary awards, Rossetti's writing has also ventured quite successfully into short narrative, theater, opera, and children's literature. Her most well-known poetry collections include *Los devaneos de Erato* (Premio Gules, 1980), *Indicios vehementes* (1985), *Devocionario* (Rey Juan Carlos III International Poetry Prize, 1986), *Yesterday* (1988), *Punto Umbrío* (1996), and *Llenar tu nombre* (2008).

*Incessant Beauty* offers to the English audiences a first glimpse into Ana Rossetti's eclectic and voracious symbolic universe. The poems selected for this anthology cover a wide range of themes and poetic registers that spans more than thirty years: from the playful, often cheeky, early poems for which she is well-known, to the more brooding meditations on transcendental human qualities, to the latest festive celebrations of the poetic word itself. ☙

# About the Translator

❧ ❧ ❧

CARMELA FERRADÁNS holds a Ph.D. in Spanish from the University of California at Irvine (1993). She is Professor of Spanish at Illinois Wesleyan University where she teaches all levels of Spanish language, literature, and cultural history of Spain as well as writing intensive courses for the IWU Writing Program. Her critical studies on the poetry of Ana Rossetti are well known, particularly her intertextual reading of the Calvin Klein campaign of the eighties. Ferradáns is also a poet in her own right. In 2006 she published a poetry chapbook, *My Right Breast and Other Poems,* with eight poems engaging directly with the aftermath of breast cancer and radiation. Her true passion is figuring out how different forms of high art and low art talk to each other. ✂

# Other Books By 2Leaf Press
ڡۄڡۄڡ

2LEAF PRESS challenges the status quo by publishing alternative fiction, non-fiction, poetry and bilingual works by activists, academics, poets and authors dedicated to diversity and social justice with scholarship that is accessible to the general public. 2LEAF PRESS produces high quality and beautifully produced hardcover, paperback and ebook formats through our series: *2LP Explorations in Diversity, 2LP University Books, 2LP Classics, 2LP Translations, Nuyorican World Series,* and *2LP Current Affairs, Culture & Politics.* Below is a selection of 2LEAF PRESS' published titles.

## 2LP EXPLORATIONS IN DIVERSITY

*Substance of Fire: Gender and Race in the College Classroom*
by Claire Millikin
Foreword by R. Joseph Rodríguez, Afterword by Richard Delgado
Contributed material by Riley Blanks, Blake Calhoun, Rox Trujillo

*Black Lives Have Always Mattered*
*A Collection of Essays, Poems, and Personal Narratives*
Edited by Abiodun Oyewole

*The Beiging of America:*
*Personal Narratives about Being Mixed Race in the 21st Century*
Edited by Cathy J. Schlund-Vials, Sean Frederick Forbes, Tara Betts
with an Afterword by Heidi Durrow

*What Does it Mean to be White in America?*
*Breaking the White Code of Silence, A Collection of Personal Narratives*
Edited by Gabrielle David and Sean Frederick Forbes
Introduction by Debby Irving and Afterword by Tara Betts

## 2LP UNIVERSITY BOOKS
*Designs of Blackness, Mappings in the Literature and*
*Culture of African Americans*
A. Robert Lee
20TH ANNIVERSARY EXPANDED EDITION

## 2LP CLASSICS
*Adventures in Black and White*
*Edited and with a critical introduction by Tara Betts*
by Philippa Duke Schuyler

*Monsters: Mary Shelley's Frankenstein and Mathilda*
by Mary Shelley, edited by Claire Millikin Raymond

## 2LP TRANSLATIONS
*Birds on the Kiswar Tree*
by Odi Gonzales, Translated by Lynn Levin
Bilingual: English/Spanish

*Incessant Beauty, A Bilingual Anthology*
by Ana Rossetti, Edited and Translated by Carmela Ferradáns
Bilingual: English/Spanish

## NUYORICAN WORLD SERIES
*Our Nuyorican Thing, The Birth of a Self-Made Identity*
by Samuel Carrion Diaz, with an Introduction by Urayoán Noel
Bilingual: English/Spanish

*Hey Yo! Yo Soy!, 40 Years of Nuyorican Street Poetry,*
*The Collected Works of Jesús Papoleto Meléndez*
Bilingual: English/Spanish

## LITERARY NONFICTION
*No Vacancy; Homeless Women in Paradise*
by Michael Reid

*The Beauty of Being, A Collection of Fables, Short Stories & Essays*
by Abiodun Oyewole

*WHEREABOUTS: Stepping Out of Place,*
*An Outside in Literary & Travel Magazine Anthology*
Edited by Brandi Dawn Henderson

## PLAYS
*Rivers of Women, The Play*
by Shirley Bradley LeFlore, with photographs by Michael J. Bracey

## AUTOBIOGRAPHIES/MEMOIRS/BIOGRAPHIES
*Trailblazers, Black Women Who Helped Make America Great*
*American Firsts/American Icons*
by Gabrielle David

*Mother of Orphans*
*The True and Curious Story of Irish Alice, A Colored Man's Widow*
by Dedria Humphries Barker

*Strength of Soul*
by Naomi Raquel Enright

*Dream of the Water Children:*
*Memory and Mourning in the Black Pacific*
by Fredrick D. Kakinami Cloyd
Foreword by Velina Hasu Houston, Introduction by Gerald Horne
Edited by Karen Chau

*The Fourth Moment: Journeys from the Known to the Unknown, A Memoir*
by Carole J. Garrison, Introduction by Sarah Willis

## POETRY
*PAPOLíTICO, Poems of a Political Persuasion*
by Jesús Papoleto Meléndez
with an Introduction by Joel Kovel and DeeDee Halleck

*Critics of Mystery Marvel, Collected Poems*
by Youssef Alaoui, with an Introduction by Laila Halaby

*shrimp*
by jason vasser-elong, with an Introduction by Michael Castro
*The Revlon Slough, New and Selected Poems*
by Ray DiZazzo, with an Introduction by Claire Millikin

*Written Eye: Visuals/Verse*
by A. Robert Lee

*A Country Without Borders: Poems and Stories of Kashmir*
by Lalita Pandit Hogan, with an Introduction by Frederick Luis Aldama

*Branches of the Tree of Life*
*The Collected Poems of Abiodun Oyewole 1969-2013*
by Abiodun Oyewole, edited by Gabrielle David
with an Introduction by Betty J. Dopson

2Leaf Press is an imprint owned and operated by the Intercultural Alliance
of Artists & Scholars, Inc. (IAAS), a NY-based nonprofit organization that
publishes and promotes multicultural literature.

NEW YORK
www.2leafpress.org